Livia Klingl

**Wir können doch nicht
alle nehmen!**

LIVIA KLINGL

Wir können doch nicht alle nehmen!

Europa zwischen »Das Boot ist voll«
und »Wir sterben aus«

www.kremayr-scheriau.at

ISBN 978-3-218-00968-3
Copyright © 2015 by Verlag Kremayr & Scheriau GmbH & Co. KG, Wien
Alle Rechte vorbehalten
Schutzumschlaggestaltung: Sophie Gudenus, Wien
unter Verwendung eines Fotos von Hafidh/AFP/picturedesk.com
Typografische Gestaltung und Satz: Michael Karner, Gloggnitz
Druck und Bindung: Druckerei Theiss GmbH, St. Stefan i. Lavanttal

Inhalt

Warum wir Migration brauchen 7

Was sie erwartet, auf der Flucht 23

Der dornige Weg durch die Asyl-Bürokratie 79

Allgemeine Erklärung der Menschenrechte 107

Menschen mit Migrationsgrund 109

Bagher Ahmadi: »Wenn du auf einem Weg bist,
auch wenn er schwierig ist, musst du ihn gehen.« 110

Eser Ari-Akbaba: »Egal, wie gut ich bin, ich werde
nie als eine der ihren akzeptiert werden.« 120

Brankica Baričanin: »Wenn man in Österreich
etwas erreichen will, dann kann man das auch.« 125

Susanne B.: »In Österreich ist es schwieriger
zu sagen, ich trinke keinen Alkohol, als zu sagen,
ich bin Moslem.« 130

Ruslan Chapkhanov: »Der Unterschied
zwischen den Menschen besteht im Talent,
nicht in der Nationalität.« 134

Lejla Cokoja: »Damals dachte keiner, dass wir
hier jahrelang würden bleiben müssen.« 138

Sedat Kaynak: »Ein intelligenter Mensch denkt ja nach,
ehe er etwas sagt. Aber die Dummen würde ich gern
sehen, wie die schauen würden, wenn die Menschen
mit Migrationshintergrund nicht da wären!« 142

Adalat Khan: »Ich kann der Gesellschaft zeigen,
dass wir keine Kriminellen sind und nicht ihr
Steuergeld aufessen.«. 147

Mira Kozomarić: »Unwissen macht die Leute
gefährlicher.« 153

Anica Matzka-Dojder: »Ich kam freiwillig.
Aber ich kann gut nachvollziehen, was es bedeutet,
wenn man unverschuldet Familie, Freunde und
alles andere verliert.« 158

Shahram M.: »Wir hätten uns zu Tode geschämt,
hätte man uns Asylanten genannt.« 163

Anna Nowik: »Ein Leben ohne die deutsche Sprache
ist wie ein Leben ohne Hand oder ohne Fuß.« 167

Aki Nuredini: »Ich bin der einzige Ausländer
zu Hause.« 171

Khaled Ramadan: »Österreich ist schön. Da gibt es
Freiheit, Sicherheit, Menschenrechte und Respekt
gegenüber den anderen.« 177

Ahmed Bashir Shacur: »Diese Joghurts sind für dich.
Und für die armen Kinder in der Siedlung.« 182

Serkan Yildiz: »Wenn man keine Daseinsberechtigung hat und einem die Freiheit genommen
wird, muss man gehen!« 187

Warum wir
Migration brauchen

Es lässt sich an keinem genauen Datum festmachen, nicht am Vertrag zwischen Österreich und der Türkei über den Zuzug von türkischen Arbeitskräften vom Mai 1964 und nicht am gehäuften Auftauchen von Menschen aus Titos relativem Paradies namens Jugoslawien. Es lässt sich also nicht mehr genau feststellen, wann es hierorts begann, nicht mehr zu sein, wie es war: grau, verstaubt, zumindest sonntags katholisch, arbeitsam, ohnehin nur als Klischee blond und blauäugig, vielleicht ob der schaurigen Erfahrungen des großen Krieges der Außenwelt gegenüber verschlossen und abgewandt all dem, was der Globus da draußen zu bieten hatte. Spaghetti, die von muslimischen Eroberern nach Italien verfrachteten langen Nudeln, gab es nicht einmal als seltene Delikatesse, erst recht nicht Balsamico-Essig, und von der Existenz eines Döner wusste man gleich gar nichts. Bunt war nicht einmal die Reklame. Und Vielfalt war ein auf die Botanik beschränktes Wort.

Man war »unter sich« in den 1950er- und 60er Jahren, unter sich als Alt- und Neuösterreicher, als Schmidts und Müllers sowie als Klimas, Vranitzkys, Studenys und wie die alle heißen, deren Vorfahren man im Wien des ausgehenden 19. Jahrhunderts die »Ziegelböhm'« genannt hat, auch wenn sie nicht in den Ziegeleien an der Südausfahrt von Wien arbeiteten und nicht aus Böhmen kamen. Der Ziegelböhm' war ein Oberbegriff für jene Hunderttausende, die damals aus den armen Landstrichen der Kronländer als Gastarbeiter in die

7

Kaiserstadt Wien gekommen waren, um Brot und Lohn vor allem in der Bau- und Textilindustrie zu finden oder als Dienstbeziehungsweise Wäschermädel.

»Es kamen slowakische Pfannenflicker, jüdische Hausierer, böhmische Schuster und Schneider, schlesische Tuchhändler, slowenische Maronibrater. Junge Männer mit dunkel gebräunten Oberarmen und rotbackige Frauen brachten ihre ländlich-agrarischen Lebensformen und Denkweisen, ihr Dorf im Kopf, mit«, beschrieb *Die Presse* den damaligen Zusammenprall von altem Adel und neuem Geldadel mit dem Lumpenproletariat aus nah und fern in einem Artikel zur Ausstellung »Experiment Metropole« über das Wien von 1870.

Beliebt waren sie nicht, die Zuwanderer, aber benötigt, hatte doch damals jeder Aristokrat und jeder Neureiche seine eigene Zugehfrau, seinen Gärtner, seine Köchin, sein Kindermädel. Und die boomende Industrie der damals noch stabilen Monarchie suchte händeringend nach Arbeitskräften.

Aufschwung zieht Zuzug nach sich, das war damals nicht anders als heute. 1910 hatte die Hauptstadt der österreichisch-ungarischen Monarchie mit zwei Millionen einen Höchststand an Bewohnern erreicht. 50 Jahre und zwei Weltkriege später waren es nur noch 1,6 Millionen. Und 1987, als Ostösterreich noch am Eisernen Vorhang lag und mangels fremdländischer Einsprengsel in der Gastronomie, der Inneneinrichtung, der Musik, der Malerei und dem Film noch nicht den Duft der großen weiten Welt versprühte, verzeichneten die Statistiker wegen der gesunkenen Geburtenrate mit nicht einmal 1,5 Millionen den absoluten Tiefststand.

Heute ist Wien mit 1,8 Millionen Bewohnern, davon fast 52 Prozent Frauen und fast jede und jeder Zweite mit so genanntem Migrationshintergrund, eine nach internationalen Rankings äußerst lebenswerte, pulsierende Stadt – mit den gleichen Bedürfnissen der Wirtschaft und der gleichen Ablehnung gegen Fremde bei den Alteingesessenen wie 100 Jahre zuvor.

In den 1960er-Jahren waren erst Männer aus den relativ wohlhabenden Städten der Türkei aufgetaucht, um mit ihrer Hände Arbeit den hiesigen Arbeitskräftemangel im Wirtschaftsaufschwung nach Krieg und Besatzungszeit auszugleichen. Ein Abkommen mit Spanien war 1962 gescheitert, eines mit Ankara und ein weiteres mit Belgrad 1966 lockten bis zum Rezessionsjahr 1974 mehr als 260.000 Fremdarbeiter nach Österreich.

Es waren Männer mit dunklerer Hautfarbe, armseliger Kleidung, schlechtem Schuhwerk und ebensolchem Gebiss, anderen Gewohnheiten, anderen Religionen. Notwendig für die Wirtschaft und somit den ganzen Staat, aber vielen Österreichern ob ihrer Andersartigkeit ein Dorn im Auge. Niemand in der Politik machte sich die Mühe, den Bedarf an Fremden zu erklären. Damals nicht und heute nicht.

Die Idee des Staates war in der Zeit des Nachkriegs-Aufschwungs, die in ihren Herkunftsländern Angeworbenen jeweils für ein Jahr arbeiten zu lassen und dann gegen neues Personal auszutauschen. Es würde also keine Integration nötig sein und auch nicht mehr als Grundkenntnisse der deutschen Sprache aufseiten der Zuzügler erfordern. Doch die Wirtschaft lehnte sich bald auf gegen diese Fluktuation. Man wollte nicht alle Augenblicke Menschen ausbilden. Und kaum hätten sie gelernt, was ihre Arbeit ist, würden sie samt dem Investment Ausbildung davonziehen und es müsste wieder frisches Personal trainiert werden. Die Geschulten sollten bleiben, lautete die Forderung – und damit war der Grundstein für die Ignoranz gegenüber den Bedürfnissen der Zugezogenen wie auch der Einheimischen gelegt.

»Wir riefen Arbeitskräfte und es kamen Menschen«, dieser Satz fasst die Kurzsichtigkeit des Umgangs mit der Arbeitsmigration gut zusammen. Der Fremdenfeindlichkeit aus dieser Zeit versuchte die Aktion Mitmensch 1973, während der weltoffenen Regierung Kreisky, mit der Aktion »I haaß Kolarić, du haaßt Kolarić. Warum sogn's zu dir Tschusch?« beizukommen. Erfolg mehr als dürftig.

Als 1981 in Polen das Kriegsrecht ausgerufen wurde und mindestens 120.000 Freiheitshungrige vor dem kommunistischen Regime nach Wien flohen – von denen letztendlich keine 20.000 blieben –, war die Hilfsbereitschaft enorm. Es waren ja echte Flüchtlinge, katholische, äußerlich nicht unterscheidbar von uns und man ahnte vielleicht auch, dass sich die meisten nicht dauerhaft niederlassen würden. Der Umstand des Vorübergehenden mag die Güte gegenüber diesen Hilfebedürftigen befördert haben.

Eine Dekade später, als das zerfallene Jugoslawien, vor allem das ehemals österreichisch-ungarische Bosnien, Hunderttausende Flüchtlinge produzierte, verhärtete der Österreicher Herz. Denn zu den von den türkischen Gastarbeitern nachgeholten, meist sehr traditionell gekleideten »Kopftuchfrauen« kamen nun noch weitere Tausende, von Tito »Moslems« genannte Menschen und machten einem Teil der Österreicher Angst.

Die Angst ist manchmal diffus, manchmal dreht sie sich um den Arbeitsplatz oder die Frau, oft ist sie gespickt mit Unterstellungen, die Neuen seien in hohem Maße kriminell oder nur da, um unsere Sozialsysteme auszunutzen und man selber würde leer ausgehen. Jedenfalls ist Angst die Triebfeder der oft lautstark, oft bösartig vorgetragenen Ablehnung von Menschen, die man in der Masse gar nicht beurteilen kann, weil man sie ja nicht persönlich kennt.

Ob diese heimatvertriebenen Bosnier Atheisten waren, wie so viele im ehemaligen kommunistischen Jugoslawien, oder tatsächlich gläubige Moslems, spielte bei denen, die sich gegen ihre Aufnahme im Staat aussprachen, keine Rolle. Trotz der grausigen Filme von Leid, Zerstörung, bis auf die Knochen abgemagerten Männern hinter dem Stacheldraht von Internierungslagern und den Bildern von geschändeten Leichen, die täglich während der Abendnachrichten über die Fernsehschirme flimmerten, trotz des für jedermann und jede Frau evidenten Kampfes ums Überleben der Bosnier fühlte sich ein großer Teil der Österreicher mit den rund 90.000 Flüchtlingen überfordert, oft auch schlicht abgestoßen.

Ohne Migranten sähe es düster aus

Heute arbeiten Tausende dieser Bosnier, meist längst Österreicher, als Krankenschwestern, Ärztinnen, Anwältinnen oder als so gefragte Putzfrauen, sprechen meist nahezu akzentfrei deutsch, haben Kinder in die Welt gesetzt, die studierten und gute Arbeit fanden und ihrerseits Familien gründeten.

Sie alle tragen bei zum Sozialprodukt eines Landes, wie das Zentrum für Europäische Wirtschaftsforschung berechnete. Deutschland, das rechte Politiker gern als »soziale Reparaturwerkstatt Europas« sehen, profitierte demnach 2012 mit 22 Milliarden Euro von seinen 6,6 Millionen Bürgern ohne deutschen Pass. Statistisch zahlte jeder in Deutschland lebende Ausländer 3300 Euro mehr in die Staatskassen ein, als er oder sie an Leistungen erhielt. Auch wenn diese Ausländer statistisch netto um 700 Euro weniger Steuern zahlten als die Deutschen. Aber es seien 67 Prozent der Ausländer auf einen positiven Beitrag gekommen und nur 60 Prozent der Deutschen, errechnete das Wirtschaftsforschungszentrum. Denn die ausländische Bevölkerung ist jünger als die deutsche und somit zu einem höheren Prozentsatz im erwerbsfähigen Alter.

Die OECD, die Organisation für wirtschaftliche Zusammenarbeit in Europa, sieht die Effekte durch Zuwanderer genauso. Migranten tragen positiv zur Haushaltsentwicklung bei. Im schlimmsten Fall gebe es keine Auswirkungen. In Österreich haben Migrantenhaushalte statistisch 2400 Euro pro Jahr mehr in die Kassen eingezahlt, als sie entnommen haben, allen einschlägigen Verunglimpfungen von Ausländerfeinden zum Trotz.

Und Zuwanderer tragen dazu bei, dass »wir« nicht »aussterben«. Denn vermehren wollen sich die »Urösterreicher« nicht mehr so recht, trotz Kindergeld und Versprechen für Ganztagsbetreuung. Die Geburtenrate sank von knapp drei Kindern in den 1970er-Jahren auf 1,4. Nicht genug, um auch nur die Bevölkerungszahl zu halten, aber keineswegs außergewöhnlich im heutigen Europa.

In Deutschland gebären noch weniger Frauen noch weniger Kinder. Statistisch 8,4 Geburten kommen auf 1000 Einwohner, das ist, trotz aller Bemühungen der Politik, die niedrigste Rate von allen 28 EU-Staaten. 2012 zählte das Land zu jenen zwölf innerhalb der Union, in denen mehr Menschen starben, als geboren wurden. Dass der 81-Millionen-Koloss Deutschland dennoch einen Bevölkerungszuwachs von knapp 200.000 Personen verzeichnete, lag laut EU-Statistikbehörde Eurostat einzig an der Immigration.

Nahezu zeitgleich mit den Meldungen über neue »Spitzenwerte« bei der Zahl der Asylsuchenden verbreiteten deutsche Medien alarmierende Berichte über den Pflegenotstand. Zwei bis fünf Millionen Pflegekräfte würden in den kommenden Jahrzehnten fehlen. Nun werden nicht zwingend alle Asylwerber und -werberinnen geeignet und willens sein, sich ihr Geld im »Paradies« Europa durch die Pflege der vielen Alten in unserer überalterten Gesellschaft zu verdienen. Aber einen kühlen Gedanken ist es schon wert, diese beiden Fakten einander gegenüberzustellen, sie gar miteinander zu verknüpfen.

Jenen, denen mulmig wird beim Gedanken, »wir« würden die, die wir brauchen, anderswo abschöpfen, wo sie ja auch gebraucht würden, sei mit einer Realität geantwortet: Die Asylwerber sind schon bei uns. Wir haben sie nicht geholt, so wie jahrelang die Abertausenden Fachkräfte etwa im Krankenhausbereich.

Trotz der eindeutigen Positiva bringen Zuwanderer offenbar überall in Europa eine wachsende Minderheit der alteingesessenen Bevölkerung an den Rand ihrer Toleranz und rechten Politikern und Politikerinnen immer mehr Wähler. Das viele Fremde, das so viele fürchten, wiegt in den Reden am Stammtisch, im Boulevard, aber auch zunehmend in gutbürgerlichen Kreisen und Medien weit schwerer als der Nutzen, den Europa aus dem Umstand ziehen könnte, dass es zum Magneten für meist junge, mobile, geistig bewegliche und seelisch kräftige Menschen geworden ist.

Asylsuchende: 0,1 Prozent der EU-Bevölkerung

Es ginge auch ohne weiteren Zuzug aus dem Ausland. Den deutschen Landschaften, den österreichischen Alpen, Wiesen, Wäldern, Seen täten weniger Bewohner biologisch betrachtet durchaus gut. Und für jene große, laute, wählende Minderheit, denen »die Ausländer« den Nerv rauben, die ihnen Angst einjagen, nicht selten die Angst, selber mangels guter Ausbildung und Fleiß an den Rand gedrängt zu werden, wäre kein weiterer Zuzug – scheinbar – Balsam auf die Seele, glaubt man den zahllosen, oft in grauenvoller Orthografie gehaltenen Online-Kommentaren an Zeitungen und in den oft himmelschreiend unsozialen »sozialen« Netzwerken.

13

Warum also nicht unter sich bleiben und sich nicht immer wieder an neue und an immer mehr Fremde und an immer fremdere Fremde aus immer ferneren Ländern gewöhnen? Warum nicht auf diese Weise versuchen, rechten Parteien die Modernisierungsverlierer als Wähler abspenstig zu machen? Die Heile-Welt-Vision der Abschottung wäre theoretisch umsetzbar. Sie wäre aber mit äußerst schmerzhaften Nebenwirkungen verbunden, die wir alle, die wir derzeit leben, zu erdulden hätten.

Migranten-Zielländer wie Deutschland und Österreich könnten natürlich nur noch Kriegsflüchtlinge aufnehmen sowie Personen, die aufgrund ihrer Hautfarbe, ihrer Religion, ihrer sexuellen Ausrichtung oder ihrer politischen Betätigung in ihrem Heimatland verfolgt werden.

Von Januar bis November 2014 haben 28.300 Personen an Österreichs Tore geklopft, unter ihnen Hunderte unbegleitete Kinder, die aus Syrien, Afghanistan und anderen schaurigen Weltgegenden vor religiös verbrämtem Fanatismus, vor Diktatur und Dauergemetzel oder vor Hunger und Perspektivlosigkeit das Weite gesucht haben. Die übliche Anerkennungsrate lag bei 28 Prozent und damit im EU-Durchschnitt (28,2 Prozent). In Zahlen waren das 2012 kaum mehr als 7000 Menschen, etwa die Hälfte der Einwohner der überschaubaren burgenländischen Hauptstadt Eisenstadt.

Auch wenn es aufgrund der Kriege an den Rändern Europas nun mehr Asylwerber wurden und weiterhin werden – ein paar Tausend Menschen mehr kann ein 8,5-Millionen-Einwohner-Land ohne gröbere Verwerfungen bewältigen.

Im Jahr 2013 waren überhaupt nur 17.000 Personen in Österreich auf Herbergsuche. Doppelt so viele Niederösterreicher zogen im selben Zeitraum nach Wien und die zweitgrößte deutschsprachige Stadt Europas brach weder unter den einen noch unter den anderen Zuzüglern zusammen.

Zu behaupten, dass es mit Neuankömmlingen aus anderen Kulturkreisen niemals Schwierigkeiten gäbe, war und ist dumm. Selbstverständlich gibt es Probleme, wenn Menschen unterschiedlicher Einstellung und verschiedener Erfahrungen aneinandergeraten. Das allerdings trifft auf alle Menschen zu und nicht nur auf Fremde. Den meisten Ärger hat man im Leben mit einfältigen, starrsinnigen, unprofessionellen oder unerzogenen Leuten. Ob die aus derselben Gasse oder von einem anderen Kontinent stammen, ist nicht von Relevanz.

Selbst jene unter den nach den herrschenden Gesetzen Asylwürdigen, die nicht pünktlich sind, nicht fleißig, nicht freundlich, vielleicht traumatisiert, eventuell dadurch gewalttätig, kaum bis gar nicht integrierbar und womöglich bereit, in einer islamistischen Terrororganisation ihr Heil zu suchen, müsste ein wohl organisierter und -situierter Staat, wie es Deutschland und Österreich nach allen Eckdaten sind, ungern, aber doch, aushalten – wie er ja auch die »eigenen« Kriminellen aushalten muss.

Für nicht und nicht in die Gesellschaft integrierbare Personen wurden Polizei, Juristerei und Strafvollzug erfunden. Und für schwer kriminell gewordene Kriegsflüchtlinge gibt es mittlerweile die Herabstufung des Asylstatus auf die Duldung – die allerdings auch nicht erlaubt, solche Gestrauchelten aus dem Land zu werfen. Auch wenn manche Zeitungskommentatoren solches vorgaukeln, genauso wie so mancher Politiker aus dem rechten Lager.

Für den durchschnittlichen Medienkonsumenten mag es so aussehen, als würde Europa von Flüchtlingen und Armutsmigranten überrannt. Die Statistik lehrt anderes. Von den mehr als 56 Millionen Menschen, die auf diesem Erdball aus Gründen von Krieg, Vertreibung, Diktatur, Armut und Klimawandel umherirren, bleiben 87 Prozent im eigenen Land oder werden von Entwicklungsländern aufgenommen. Für die »Ers-

15

te Welt«, Australien, Europa, Kanada, USA mit insgesamt fast 900 Millionen Einwohnern, bleiben theoretisch nur 13 Prozent oder sieben Millionen übrig, von denen auch nicht alle ein Recht auf Aufnahme nach der Genfer Konvention hätten.

Tatsächlich haben im Jahr 2012 nur etwas mehr als 300.000 Personen in der Europäischen Union um Asyl angesucht, oder in Prozent weit weniger als 0,1 Prozent der Gesamtbevölkerung der EU. Jüngere Gesamtzahlen für Europa gab es bis zur Drucklegung dieses Buches nicht – allerdings die Zahl, dass es im ersten Quartal 2014 108.300 Asylwerber waren. Selbst wenn man diese hochrechnet, käme man auf deutlich unter 500.000 Menschen und damit noch immer auf eine Nullkommazahl an Asylwerbern in der 507-Millionen-Einwohner-Union. Das Boot als voll zu bezeichnen, ist ob der Immigranten-Zahlen für Europa nicht nur geschichtsvergessen, sondern auch eine unwürdige und vor allem haltlose Übertreibung. Und eine, die sich mittelfristig gegen die eigene Bevölkerung richtet.

Zuzug ist notwendig

Würde Österreich gesetzeskonform nur noch EU-Bürger und Kriegsflüchtlinge, aber keine Wirtschaftsmigranten mehr aufnehmen, schrumpfte die Einwohnerzahl bis zum nicht mehr allzu fernen Jahr 2050 auf rund 7,8 Millionen. Unter diesen würde die Zahl der nicht mehr produktiven Alten logischerweise überdeutlich steigen und jene, die überhaupt körperlich in der Lage wären, Kinder in die Welt zu setzen, sinken. Das Gleiche gilt für das zehnmal so bevölkerungsreiche Deutschland. Eine Spirale nach unten setzte ein, wovor Bevölkerungswissenschaftler seit Jahren warnen, würde die Politik der Forderung aus dem rechten Eck nach Abschottung nachgeben.

Und der Boulevard müsste nicht titeln »Wir werden überrannt!«, sondern »Wir sterben aus!«

Was dann tun, wenn just jene Arbeitsplätze, die mit dem Alltagsleben eines und einer jeden eng verbunden sind, mangels Menschen nicht mehr besetzt werden könnten? Wer würde in den Restaurantküchen das Gemüse putzen, wer in den Kantinen die Teller waschen? Wer in den Krankenhäusern die Leibschüssel reichen? Wer die Alten betreuen? Und wer würde Steuern zahlen und die Pensionskassen füllen? Bei einer überalterten, immer geringeren Bevölkerungsanzahl immer weniger Menschen? Die Folge wären soziale Einschränkungen, wie man sie sich für sein eigenes Leben nicht vorstellen mag und kaum zu Ende denken kann.

Wie dramatisch sich ein Schrumpfungsprozess auf alle noch verbliebenen Bürgerinnen und Bürger, auf die Infrastruktur, die Sozialsysteme bis hin zur Müllabfuhr auswirkt, erlebten die Ostdeutschen in unserem Jahrtausend. Wegen Abwanderung und Überalterung standen erst ganze Straßenzüge leer, Erdgeschoßläden hatten die Rollbalken unten, Supermärkte machten dicht, ebenso Kinos. Die Versorgung wurde miserabel und der Mistwagen kam nur noch selten durch die menschenleeren Straßen. Mangels Nachfrage und Steueraufkommen schlossen Kindergärten, Schulen und Schwimmbäder. Aus einst belebten Orten wurden Geisterstädte.

Ende 2000 verzeichneten die neuen Bundesländer Deutschlands mit ursprünglich 18 Millionen Einwohnern einen Leerstand von einer Million Wohnungen. Und eine einschlägige Kommission in Berlin empfahl ein Abrissprogramm, das vorsah, innerhalb von zehn Jahren 300.000 bis 400.000 Wohnungen vom Markt zu nehmen. Für die verbliebenen Mieter bedeuteten die nackten Zahlen erst Vereinsamung im nahezu ausgestorbenen Wohnblock, dann Entwurzelung durch Umsiedlung. Meist waren es die Alten, die nach Jahrzehnten aus ihrer lieb gewordenen Umgebung, ihren vier Wänden verschwinden und zusehen mussten, wie die Abrissbirne äußerlich intakte Wohnsiedlungen in staubende Schutthaufen verwandelte.

Den Schrumpfungsprozess erlebte aber nicht nur das durch seine Geschichte sehr spezielle Ostdeutschland. Auch im Westen Deutschlands gibt es längst ein Stadtumbauprogramm wegen leer stehender Gebäude und Brachflächen, dem sich mehr als 300 Kommunen angeschlossen haben.

All die Abstriche vom lieb gewordenen, gewohnten, nach äußeren Rahmenbedingungen betrachtet bestens organisierten Leben, die wir durch eine geringere Einwohnerzahl machen müssten, müssten Sie, liebe Leserin, lieber Leser, am eigenen Leib erdulden. Erst nach Ihrem Ableben würde das staatliche System auf weniger Bürger angepasst sein, der Übergang wäre für alle derzeit Lebenden äußerst entbehrungsreich. Und einsam.

Trotz dieser Faktenlage meinten im August 2013 in einer Umfrage 40 Prozent der Österreicher, das Land nehme zu viele Asylsuchende auf. Ähnliche Antworten bekäme man von Schweden bis Malta und von Polen bis Portugal. Nicht nur von strammen Rechts-Wählern, aber immer auf Basis von Ängsten, Abneigungen und Vorurteilen, nicht nach kurzem Nachdenken, was einem selber im Alltag nützlich oder gar notwendig ist. Und meist von Leuten, die nicht zwischen Asylberechtigtem, EU-Zuzügler und Arbeitsmigranten von außerhalb der Union unterscheiden können.

Wer allerdings die Erfordernisse in seinem konkreten Alltag betrachtet, etwa einen Installateur braucht, wird wenig Interesse an dessen Geburtsort haben, aber viel daran, dass er kommt, wenn man ihn ruft, und dass er den Schaden behebt, der einen nervt. Wer in der Not Ärztin und Krankenschwester braucht, wird sich nicht nach deren Herkunft, sondern nach

der Fähigkeit der Personen orientieren. Und wer eine Putzfrau benötigt, wird daran interessiert sein, dass sie ihre Arbeit
verrichtet und nicht, ob sie daheim Ćevapčići isst anstelle von
österreichischen Fleischleiberln oder deutschen Frikadellen.

Zuzug zuzulassen ist längst keine Geschmacksfrage und erst
recht keine Frage von Humanismus und Empathie mehr. Und
schon gar nicht eine des Nachgebens gegenüber angeblich so
realitätsfernen »Gutmenschen«, die es kaum ertragen können, dass das Mittelmeer zum Massengrab und Europa zur
Festung wurde, die aber trotz milliardenteuren Grenzschut-
zes und NATO-Stacheldraht mit der Kraft der Verzweiflung
gestürmt werden kann und beständig auch wird.

Arbeitsmigranten sind eine schlichte Notwendigkeit und
echte Flüchtlinge aufzunehmen ist nicht nur eine Frage
christlicher Nächstenliebe, sondern eine der Rechtskonfor-
mität. Und insgesamt Fremden die Tür nicht zu versperren,
ist auf einem überalterten Kontinent wie dem europäischen
mittlerweile eine Überlebensfrage.

»Einheit in Verschiedenheit«

Zuwanderung ist zudem ein Faktum. Jeder fünfte Deutsche
und fast jede und jeder fünfte Österreicher haben so genannten Migrationshintergrund. Fast niemanden von diesen Menschen könnte man von Rechts wegen überhaupt aus dem Land
werfen, selbst wenn rechte Politiker mitunter vorgaukeln,
dass wir wieder unter uns wären, kämen sie ans Ruder.

Denn die Mehrheit der Zuwanderer sind EU-Bürger und die
haben Bewegungs- und Niederlassungsfreiheit bei uns, so wie
wir bei ihnen. An erster Stelle der Liste der Ausländer stehen
in Österreich längst nicht mehr Türken oder Ex-Jugoslawen,
sondern Deutsche. Die führten 2010 auch die Kriminalitäts-

statistik für Fremde an, die im Übrigen nur über die polizeilichen Anzeigen Auskunft gibt, nicht über den juristischen Ausgang der Verfahren.

Tumber Fremdenhass entzieht noch dazu einem Tourismusland, wie es Österreich ist, seine beste Einnahmequelle, denn eine solche Haltung spricht sich herum auf einem zumindest kommunikationstechnisch tatsächlich globalisierten Globus. Und Hass auf alle Andersartigen hat im vergangenen Jahrhundert auch zu den zwei größten Tragödien geführt, die nebst den monströsesten Kriegsverbrechen und Verbrechen gegen die Menschlichkeit eine gigantische Flüchtlingswelle weg von unserem Boden produziert haben. Und nach dem Massensterben eine weitere Welle an Armuts-Auswanderern. Viele packten ihre Koffer, weil sie hier ihre Kinder nicht ernähren konnten. Heute kommen viele mit dem gleichen Primärziel her. Es hat sich also nur die Zielrichtung der Menschen geändert, nicht ihr Verhalten, danach zu streben, ihr Dasein und das ihrer Kinder in äußerer und innerer Sicherheit zu organisieren und zu gehen, wenn das Heimatland kein Überleben garantiert. Wanderungsbewegungen hat es immer gegeben und wird es immer geben. Sie lassen sich auch nicht mit Zäunen, Hunden, Nachtsichtgeräten, Schiffen und Helikoptern abwehren.

Ob wir es wollen oder nicht: Unsere Gesellschaften in Europa werden immer durchmischter, der Kontinent eine »Einheit in der Verschiedenheit«, wie es Papst Franziskus vor dem EU-Parlament ausdrückte. Leben bedeutet Veränderung und für den Kontinent, dass es nie wieder so rein österreichisch, rein deutsch und rein finnisch werden wird, wie es in Wahrheit ohnehin nie war. Und das ist gut so.

Die Rückschau legt über die angeblich so gute alte Zeit nur einen gnädigen Schleier aus selbstbetrügerischer Verklärung. Das Alltagsleben war früher weit weniger vielfältig und weniger bunt. Wer möchte heute gern auf Sushi und Spaghetti, auf

Bakhlava und Bohnengulasch, auf Gorgonzola und Granatäpfel, Fladenbrot und Falafel, Tsatziki und Tiramisu, Humus und Huhn süß-sauer verzichten und auf all die vielen anderen lukullischen, musikalischen und sonstigen Freuden, die Immigranten mitbrachten und die wir uns längst einverleibten, als gehörten sie originär zu uns?

Deutschland bekennt sich längst dazu, ein Einwanderungsland zu sein. Und Österreich ist es ebenso, ob das nun Politiker laut sagen oder nicht. 1,37 Millionen der 8,5 Millionen in Österreich lebenden Menschen haben eine andere als die österreichische Staatsbürgerschaft, das sind 16 Prozent. Und ein erklecklicher Anteil derer mit österreichischem Pass ist auch zugewandert, nur eben ein bisschen früher. Im Durchschnitt der Jahre 2010 bis 2013 sind laut Statistik Austria 132.000 Menschen nach Österreich gekommen, um zu bleiben. Rund 15.000 davon waren rückkehrende Österreicher, mehr als die Hälfte waren Personen mit EU- oder Schweizer Pass.

Sie alle hatten und haben vor allem eines: einen Migrationsgrund – ob es der Krieg, die Liebe, die Kultur, der gute Job oder der Wunsch nach einem ökonomisch besseren Leben ist, was der Staat ohnehin nur im Rahmen seiner Bedürfnisse zulässt. Es sind übrigens meist geistig mobilere Menschen, die sich in ein neues Dasein aufmachen und vielfach die Gebildeteren, finanziell nicht ganz Benachteiligten, denn andere schaffen den weiten Weg gar nicht bis zu uns.

Im deutschen Bundesland Sachsen-Anhalt etwa haben die Menschen mit Migrationshintergrund im Schnitt eine höhere Bildung als die Sachsen-Anhalter selbst.

Und jede Statistik wird belegen, dass jene, die von Harz IV in Deutschland oder der Arbeitslosenunterstützung in Österreich leben müssen, sich vielleicht sogar im sozialen Netz heimelig niedergelassen haben, nicht ausschließlich Neuzuwanderer sind.

Selbst mit Zuwanderung wird Österreich laut Statistik Austria im Jahr 2060 zwischen 28 und 35 Prozent über 65-Jährige aufweisen, also Menschen, die nicht in die Pensionskassen einzahlen, sondern im Gegenteil die Kassen Geld kosten. Kommen heute auf 1000 Arbeitnehmer noch 626 Ruheständler, werden es – trotz des aktuellen Bevölkerungswachstums – in 45 Jahren 850 Rentner pro 1000 Aktiven sein. Für Deutschland gelten gleiche Relationen. Wir steuern auch mit Zuzug von Flüchtlingen, Bürgern anderer EU-Staaten und Arbeitsmigranten auf Seniorenrepubliken zu.

Am günstigsten sind die Prognosen für Wien – und das ausschließlich wegen der Zuwanderung. Denn Zuwanderer sind im Schnitt jünger als die Durchschnittsbevölkerung und bekommen statistisch mehr Kinder. Und die brauchen wir auf dem alten Kontinent, ob sie nun eine böhmische Großmutter haben wie anno dazumal oder eine türkische oder bosnische, wie es heute wohl eher der Fall ist.

Aus reinem Eigennutz benötigen wir eine Politik, die Zuzug nicht verhindern will, sondern im Gegenteil ermöglicht. Einen Zuzug in geordneten Bahnen und nach Maßgabe der Bedürfnisse sowie mit Respekt gegenüber denen, die kommen, und denen, die hier leben.

Oder, um mit den Worten des berühmten italienischen Schriftstellers Giuseppe Tomasi di Lampedusa zu sprechen, dessen Name zum Synonym für das tragische Scheitern europäischer Flüchtlingspolitik mit Zehntausenden Ertrunkenen an unseren Küsten wurde: »Wenn wir wollen, dass alles bleibt, wie es ist, dann ist es nötig, dass alles sich verändert.«

Auch wir selber.

Was sie erwartet, auf der Flucht

»Wenn Sie mich jetzt zurückschicken,
liefern Sie mich den Leuten aus,
denen ich gerade entkommen bin.«
Bruno Kreiskys Appell an die
dänischen Behörden, 1938

»Mörder«-Rufe hatte sich José Manuel Barroso in seiner Karriere nicht erwartet. Und doch verfolgten sie ihn vom Flugha-
fen auf Lampedusa, bis er sich in die für ihn dort bereitgestell-
te Limousine mit den dunkel getönten Scheiben retten konnte.
Auch auf dem Weg zu seinem Zielort war Barroso nicht sicher
vor Menschen am Straßenrand, Weißen und Dunkelhäutigen,
die ihn beschimpften und Fotos von namenlosen Schwarzen
hochhielten. Schwarzen, die auf dem Weg in ein besseres Leben ihr Leben gelassen hatten und die niemals so viel Auf-
merksamkeit bekommen sollten wie als aufgedunsene Leiber
ohne Puls und Herzschlag. Aus dem Meer gefischt am 3. Oktober 2013 nach der größten Flüchtlingstragödie in Europa seit
Beginn des neuen Jahrtausends.

Es war ein sonniger Oktobertag, an dem der damalige Präsident der EU-Kommission, der konservative portugiesische
Politiker und Träger unzähliger Ehrenkreuze, seine vermutlich schwierigste Mission anzutreten hatte: 366 Menschen die
letzte Ehre zu erweisen und sich den 155 Überlebenden des
tragischen Schiffsunglücks zu stellen.

Ihr 20 Meter langer Kutter war, mit 545 Hoffnungsuchen-
den beladen, in der heruntergekommenen libyschen Hafen-

stadt Misrata aufgebrochen und hatte am 3. Oktober vor dem südlichsten Zipfel Italiens Motorschaden. Der Kapitän steckte daraufhin, so berichteten Überlebende, eine Decke in Brand, als Notsignal, damit die in Seenot Geratenen Hilfe erhalten würden. Doch das Feuer geriet außer Kontrolle, die Menschen gerieten in Panik, das Schiff kenterte.

Taucher holten Leiche um Leiche aus dem Wasser – nicht alle konnten geborgen werden – und lagerten sie fürs Erste in Plastiksäcken im Hafen von Lampedusa. Am Ende standen 366 Särge im Hangar des Inselflughafens fein säuberlich in Reih und Glied für den hohen post-mortem-Besuch der EU-Spitze. In einer weiß gekalkten Halle lauter schneeweiße Särge, auf einem Kindersarg ein Teddybär. Und Hunderte Särge aus braunem Holz, auf jedem Sargdeckel eine langstielige rote Rose. Alle Särge waren nagelneue Erste-Klasse-Fabrikate als Ruhestätte für jene, die aus dem Terror und Elend von Eritrea und dem Bürgerkrieg in Somalia geflüchtet waren.

Für nicht wenige Einwohner von Lampedusa war dieses Massenertrinken traumatisch. »Ich habe drei Kinder, ein neunjähriges, ein siebenjähriges und ein acht Monate altes. Dem älteren musste ich damals erklären, was die Hunderten Särge bedeuteten. Es war schrecklich schwer zu ertragen. Ein Moment des Todes, des Schmerzes, der Verzweiflung, des Unrechts«, sagte ein Musiker, der das ganze Jahr lang unter dem Unglück gelitten hatte, in eine Fernseh-Kamera.

Weil der Friedhof von Lampedusa nicht so viele Tote beherbergen konnte, wurden die Särge nach Sizilien verbracht. Einfache Holzkreuze erinnern an diese Toten. Und manchmal legen anonyme Besucher Blumen auf die Gräber.

Auf einer Brachfläche beim Hafen von Lampedusa erinnern Schiffswracks an den endlosen Strom der Immigranten. Mehr als 230.000 Boote, so die ARD, seien in 15 Jahren zusammengekommen und dürfen auch nicht vernichtet werden. Denn sie legen Zeugnis ab vom einträglichen Geschäft von Schleppern und dienen in Prozessen als Beweismittel.

Ein Jahr nach der Katastrophe des 3. Oktober 2013 war die Bürgermeisterin von Lampedusa, Giusi Nicolini, wieder gefragte Interviewpartnerin. Sie predigt seit Langem, die massenhafte Migration über das Meer sei ein europäisches Problem, dem sich Europa gemeinsam stellen müsse. Aber trotz der rund 3000 Ertrunkenen allein im Jahr 2014 sind solche Appelle in den Wind geschrieben. »Es gibt einen Teil Europas, der die Idee ablehnt, Flüchtlinge nicht sterben und auf andere Weise ankommen zu lassen«, sagt Frau Nicolini. »Aber sie kommen so oder so an, denn sie haben keine Wahl.«

»Diese Hunderten von Särgen werden nie mehr aus meinem Gedächtnis verschwinden«, hatte der an sich recht Mimik-arme Barroso nach dem großen Unglück sichtlich betroffen bei seiner Pressekonferenz auf Lampedusa geflüstert. Diese winzige Insel zwischen dem italienischen Festland und Tunesien wurde zum Synonym für die Festung Europa – und zugleich zum Beweis des Bankrotts der europäischen Flüchtlingspolitik, die nach Einschätzung von Amnesty International seit 2008 mehr als 21.000 Menschen hat ertrinken lassen im »Meer der Hoffnung und des Todes«, wie *Der Spiegel* das Mittelmeer einmal nannte. Unter den Toten sind viele Frauen und Kinder. In den Fluten untergegangen, weil viele der Boote nicht seetauglich sind, manchmal auch, weil Schlepper ein Flüchtlingsboot rammen oder weil die Sicherheitsorgane eines EU-Landes die Küste schützen und nicht die Menschen.

Ein junger Palästinenser erzählte nach einem von Schleppern verursachten Bootsuntergang, er habe gerade noch einen Rettungsring erwischt und sich eineinhalb Tage daran festgekrallt – und habe zusehen müssen, wie die anderen rund um ihn langsam die Kräfte verließen und sie in der See verschwanden. Der letzte, den er versinken sah, war ein Junge aus Ägypten. Von den 300 Menschen, die sich an Bord seines Bootes befunden hatten, wurden lediglich neun von den Matrosen eines Frachters gerettet. Und all die Ertrunkenen waren zuvor bereits einer anderen Bootskatastrophe entronnen, weil ihr Boot leck geworden war.

In Lampedusa hat Barroso dem Staat Italien 30 Millionen Euro an Hilfe versprochen – aber keinerlei Unterstützung in Hinblick auf eine gerechte Verteilung der Flüchtlinge innerhalb des gar nicht solidarischen EU-Europa. Brüssel sieht trotz all der täglichen Tragödien die Migration, die sich nicht durch Zäune und nicht durch bürokratische Hemmnisse aufhalten lässt, nicht primär als humanitäre Herausforderung der Gemeinschaft der europäischen Staaten, sondern als Sicherheitsproblem, dem man mit sicherheitsbehördlichen Maßnahmen beizukommen versucht. Vergeblich, wie die Wirklichkeit zeigt, und inhuman obendrein.

Italienische Fischer, die Ertrinkenden vor Lampedusa begegneten, standen die längste Zeit vor einer moralisch kaum zu treffenden Entscheidung: Entweder die Menschen mit eigenen Augen im Meer verschwinden zu sehen oder zu helfen und vor Gericht zu landen und eine hohe Strafe zu kassieren. Denn Fischer, die Menschen retteten, wurden von ihrem eigenen Staat wegen Fluchthilfe angezeigt. Wenigstens diesen Paragrafen kippte Rom nach der großen Tragödie von Lampedusa. Die Leichen der Ertrunkenen aus dem Wasser zu fischen sowie zu Grabe zu tragen und mit den Überlebenden zurande zu kommen, das blieb den 4500 Einwohnern von Lampedusa, deren Haupteinnahmequelle der Tourismus sein sollte, aber auch weiterhin nicht erspart.

Ein Jahr nach dem Massensterben vor Italiens Küste, das im Gegensatz zu den nahezu täglichen kleineren Unglücken auch zum ersten Jahrestag Schlagzeilen machte, erinnerte sich der Damaszener Friseur Mohammed Suleimane in Lübeck an das, was ihm an diesem milden Oktobertag widerfahren war: Junge Mädchen, die Gesichter unter Wasser, die Haare rund um die Köpfe treibend. Der tote Säugling, mit dem er fast zusammengestoßen wäre, als er um sein Leben schwamm. Die gellenden Schreie derer, die die Kraft zu verlassen drohte. Und das Plätschern der Wellen, als das Meer diese Menschen hinabgezogen hatte.

Wenn der 25-Jährige von den schrecklichsten Stunden seines Lebens erzählt, presst er die Arme fest gegen den bibbernden Körper. Immer und immer wieder durchlebe er die Stunden im Mittelmeer, nachdem das Boot, das ihn und zwölf Familienmitglieder sowie andere Boatpeople aus der syrischen Bürgerkriegshölle in die europäische Sicherheit hätte bringen sollen, vor Lampedusa auf Grund gegangen war.

Mohammed Suleimane überlebte als einziger aus seiner Familie die gefährliche Überfahrt von Libyens Küste nach Lampedusa. Er schwimme weiter, erzählte der schmächtige junge Mann einem Journalisten der amerikanischen Nachrichtenagentur AP. Er schwimme jede Nacht. Jede Nacht um sein Leben.

Öffentlichen Aufschrei gibt es keinen in Europa über die Tausenden Einzelschicksale der Überlebenden, erst recht nicht der Gestorbenen und von deren Hinterbliebenen. Selbst die bis zu 700 Flüchtlinge aus den Kriegsländern Syrien und Südsudan sowie aus dem unruhigen Ägypten, die bei zwei Schiffsunglücken vor der libyschen Küste und vor Malta ihr Leben verloren, hielten sich nicht einmal einen ganzen Tag in den Schlagzeilen. Von kleineren Unglücken liest und hört man gleich gar nichts.

Aber zum ersten Jahrestag der großen Tragödie waren zumindest EU-Parlamentspräsident Martin Schulz und die designierte EU-Außenbeauftragte Federica Mogherini in die so heimgesuchte Stadt Lampedusa gereist, und dieser hohe Besuch rief das große Sterben wenigstens medial wieder kurz in Erinnerung.

Frau Mogherini verkündete, dass »Leben retten wichtiger ist als Grenzschutz«. Und Schulz wurde mit den Worten zitiert, die EU brauche eine Verteilung der Flüchtlinge auf alle 28 EU-Staaten. Eine Forderung, die es von so vielen Seiten gibt – und die die EU-Innenminister und -ministerinnen bisher noch bei jedem ihrer Treffen abgeschmettert haben, wohl deshalb, weil ihre Parteien wiedergewählt werden wollen und mit der Aufnahme selbst von traumatisierten, gefolterten, vergewaltigten Kriegsflüchtlingen kein Mitgefühl mehr erzeugt wird und keine Wahlen zu gewinnen sind.

Im Juli 2014 reiste der neue Papst Franziskus als erste offizielle Mission außerhalb von Rom nach Lampedusa. Er, der die Armen in den Fokus seines Pontifikats gerückt hat, versuchte damit wohl, ein Zeichen in einer an Empathie so arm gewordenen Zeit zu setzen. »Wir haben uns an die Leiden anderer gewöhnt«, sagte er. »Es betrifft uns nicht, es interessiert uns nicht, es geht uns nichts an.« Während seiner Messe auf einem Sportplatz von Lampedusa dankte er den Inselbewohnern für die tatkräftige Hilfe, die sie den Überlebenden der diversen Boatpeople-Tragödien zuteil werden lassen und bat für die Tausenden Toten um »Verzeihung«. Des Papstes Fazit über des Westens Lebensweise und Einstellung: »Die Wohlstandskultur macht uns unempfindlich für die Schreie der anderen und führt zur Globalisierung der Gleichgültigkeit.«

Es nützten weder des Papstes Worte noch jene des EU-Parlamentspräsidenten Martin Schulz, dass »wir nicht Menschen im Mittelmeer ersaufen lassen dürfen, weil wir uns nicht auf ein legales Einwanderungsrecht einigen können«. Maßnahmen, die die Lage für die Flüchtlinge wie auch für die Küstenbewohner, die täglich mit den Leichen an ihren Stränden konfrontiert sind, verbessern würden, hat die EU nach wie vor nicht getroffen. Die Europäische Gemeinschaft, die im Jahr 2012 wegen aller möglicher friedlicher Errungenschaften, aber sicher nicht wegen ihres Umgangs mit Schutzsuchenden, den Friedensnobelpreis erhalten hatte, blieb hartleibig und unsolidarisch gegenüber ihren Mitgliedern mit maritimer Außengrenze und erst recht gegenüber jenen, die in Europa ihr Leben zu retten versuchen.

Amnesty International startete daher in Deutschland eine Unterschriftenaktion. »SOS Europa: Erst Menschen, dann Grenzen schützen«, so der Titel. Amnesty hielt in seinem Begleittext zu der Aktion fest, dass die EU und ihre Mitgliedsstaaten mitverantwortlich für die menschlichen Tragödien seien, die seit dem Jahr 2000 weit mehr als 20.000 Personen im Wasser vor den EU-Grenzen haben ertrinken oder in Lkw ersticken lassen. Ende Juni 2014 hätten die EU-Regierungschefs die so genannten neuen Strategischen Leitlinien für die Zukunft der Asyl- und Migrationspolitik verabschiedet. »Der sehr vage Text soll bis Juni 2015 mit Umsetzungsplänen konkretisiert werden«, notierte Amnesty und forderte auf, Kanzlerin Angela Merkel zu schreiben und mehr Schutz für Flüchtlinge zu verlangen.

Was Zuzügler bringen

In Kommentaren von deutschen Zeitungen finden sich schon längst Rufe nach einer vernünftigen Einwanderungspolitik. Und Forderungen nach einer ehrlichen Rechnung, was Zuzügler, also Asylwerber genauso wie EU-Einwanderer und Immigranten von außerhalb der Union, kosten und was sie bringen. »Ob Ukip in England, die AfD in Deutschland, die Dansk Folkeparti in Kopenhagen, die Wahren Schweden und Finnen in

Stockholm und Helsinki oder die Schweizerische Volkspartei in der Schweiz – sie alle beklagen die Einwanderung angeblich ungelernter, schlecht ausgebildeter und raffgieriger Menschen in unsere Sozialsysteme«, schrieb Theo Sommer, ehemaliger Chefredakteur und Herausgeber der *Zeit*, in dem Hamburger Wochenblatt. Er zitierte eine Umfrage aus dem Jahr 2008, wonach 44 Prozent der EU-Bürger angaben, Immigranten würden mehr an Sozialleistungen ergattern, als sie an Steuern und Abgaben bringen. Eine Studie zweier britischer Migrationsökonomen habe anderes ergeben: »Ungelernt und ungebildet? Über 60 Prozent der Zuwanderer aus West- und Südeuropa haben einen Universitätsabschluss. Auch die Abschlüsse der Osteuropäer lassen sich sehen: 25 Prozent haben einen Titel in der Tasche, ein Prozent mehr als gebürtige Engländer.« Entsprechend hoch seien die Leistungen für den Staat gewesen. Die Schlussfolgerung der beiden Ökonomen sei eindeutig: »Die Zuwanderer, die seit 1999 zu uns gekommen sind, waren keineswegs ein Aderlass für unsere Staatsfinanzen; vielmehr haben sie im Saldo einen substanziellen Nettobeitrag geleistet.« Die Wirklichkeit stehe also in scharfem Gegensatz zu den Ansichten, die in der öffentlichen Debatte vertreten würden, schloss Theo Sommer und wünschte sich gleichartige Untersuchungen auch für Deutschland.

Für Österreich sind die Zahlen eindeutig: ein Plus von statistisch 2400 Euro pro Jahr pro erwerbsfähigem Einwanderer für die Staatskassen. Und das trotz tatsächlich höherer Arbeitslosigkeit bei den Ausländern und trotz all der Hürden, die Menschen mit fremdländischen Namen bei Bewerbungen erst einmal nehmen müssen, ehe sie ihre Fähigkeiten unter Beweis stellen können.

Die deutschsprachige *Huffington Post* stellte einmal Vorurteile und Realität einander gegenüber in einem Artikel, in dem sie »den feuchtesten aller Ausländer-Hasser-Träume zu Ende denkt. Wie sähe die Bundesrepublik ohne Ausländer aus? Es wäre ein trostloses Land.«

Denn es würde nicht, wie viele denken, durch die Zuwanderer das Bildungsniveau sinken. Laut einer Studie des Instituts der deutschen Wirtschaft verfügen 30 Prozent der in den vergangenen zehn Jahren nach Deutschland Zugewanderten über einen Hochschulabschluss. Im Bevölkerungsschnitt sind es 19 Prozent. Das führe dazu, dass mittlerweile mehr Ausländer als Deutsche in Führungspositionen arbeiten.

Es würden auch nicht die Sozialsysteme durch die Ausländer zusammenbrechen. »Oft führen Rechtspopulisten an, dass Bürger mit ausländischen Wurzeln gut ein Drittel der Arbeitslosen ausmachen. Das ist korrekt. Allerdings liegt die Arbeitslosenquote in Deutschland derzeit (November 2014) bei unter sechs Prozent. Viel relevanter ist daher der Anteil der Ausländer mit sozialversicherungspflichtiger Beschäftigung. Und siehe da: Erstaunlich ist, wie stark Ausländer bei den Einzahlern in die Sozialkassen überrepräsentiert sind. 41,9 Prozent der Ausländer sind sozialversicherungspflichtig beschäftigt. Unter der deutschen Bevölkerung (inklusive der Einwanderer der zweiten und dritten Generation) sind es nur 35,5 Prozent.« Besonders Bayern hätte ohne Ausländer ein gigantisches Arbeitsmarktproblem. »Der Schluss liegt nahe: Ohne Ausländer würde dem Motor der deutschen Wirtschaft bald der Sauerstoff ausgehen.«

Auch die Bundesliga hat die *Huffington Post* untersucht. Die ausländischen Profis machten gut 50 Prozent aus »und Jogis Jungs wären ohne sie vielleicht nie Weltmeister geworden«. Im Vergleich dazu Österreich: Zehn Spieler des Kaders von 2014 hatten Migrationshintergrund, drei davon sind im Ausland auf die Welt gekommen.

Es gäbe, so die *Huffington Post* weiter über Deutschland, ohne Ausländer auch weniger Innovation. »Ohne sie wäre die

Gründerszene nur ein schlechter Witz.« Im Jahr 2012 habe der Anteil an ausländischen Unternehmensgründern 44,8 Prozent betragen. In Österreich verhält es sich nicht anders. Nach Informationen des Gründerservice der Wirtschaftskammer waren 2013 von 36.947 Neugründern 15.523 Personen ohne österreichischen Pass.

Und in Österreich retten Zuwanderer das Pensionssystem, wie die *Wiener Zeitung* im November 2014 titelte. In Anbetracht steigender Arbeitslosigkeit und einer kaum leistbaren Steuerreform sei die unerwartet frohe Botschaft, dass sich »die mittelfristigen Aussichten für die Finanzierung der Pension bis 2060 wesentlich verbessern. Der Grund: die starke Zuwanderung.« Entscheidend für die Pensionsbeiträge sei natürlich, ob die Zuwanderer arbeiten und damit in die Pensionssysteme einzahlen oder nicht. »Heute kommen die meisten Zuwanderer aus Deutschland und den neuen EU-Ländern in Osteuropa. Dabei handelt es sich um klassische Arbeitsmigranten. Während aus Ungarn rund 8500 zuzogen und aus Deutschland fast 6800, kamen etwa aus der Türkei nur noch knapp über tausend Personen.«

Asylwerber, Zahlen und Fakten

Trotz all dieser Berechnungen über die Sinnhaftigkeit, ja Notwendigkeit von Zuzug in den verschiedensten EU-Staaten, trotz der eklatant gesunkenen Geburtenrate in der gesamten EU und trotz der millionenfachen Schicksale von Menschen durch die Kriege und Krisenregionen rund um den alten Kontinent rissen sich die einzelnen Staaten nicht gerade um die Aufnahme von Asylwerbern. Von den 28 EU-Mitgliedern sind lediglich fünf bereit, die große Last zu tragen und nehmen 70 Prozent der Flüchtlinge auf. Das sind Deutschland,

Italien, Großbritannien, Frankreich und Schweden. Österreich zählt in dieser Statistik nicht dazu, wiewohl das Land, gäbe es einen gerechten Aufteilungsschlüssel in der EU, nach Berechnungen des Innenministeriums im Jahr 2013 laut *Kurier* um 10.275 Asylwerber weniger zu versorgen gehabt hätte.

Laut EU-Statistikbehörde Eurostat hatten im ersten Quartal 2014 108.300 Flüchtlinge in einem EU-Staat um Asyl angesucht, mit 36.890 Personen ein Drittel in Deutschland, gefolgt von Frankreich mit 15.885 Personen und Schweden mit 12.945 sowie Italien mit 10.700 Anträgen.

Nimmt man die Asylanträge in Relation zur Bevölkerungszahl, ergibt sich, dass Schweden mit 1355 Bewerbern pro einer Million Einwohner an erster Stelle steht, gefolgt von Luxemburg mit 500, Malta mit 475, Deutschland mit 460, Belgien mit 455 und Zypern mit 445. Die Slowakei und Estland kommen auf 15 Asylwerber pro eine Million Einwohner, Portugal lediglich auf fünf.

Für Österreich fehlen die entsprechenden Zahlen bei Eurostat, aber nimmt man die Einwohnerzahl von 8,5 Millionen und stellt die 3610 Asylanträge des ersten Quartals gegenüber, käme man auf 424 Asylwerber pro eine Million Einwohner. Wobei aus Sicht des vom *Standard* zitierten Migrationsforschers Dietrich Thränhardt auch relevant ist, »wie ein Staat die Flüchtlinge behandelt und wie viel Elend er damit mildert«. Und so könne man nur Schweden eine aktive Flüchtlingsaufnahmepolitik bescheinigen.

Im Jahr 2014 sah die Reihenfolge so aus: Schweden stand mit 5680 Asylanträgen pro einer Million Einwohner an der Spitze, gefolgt von Malta mit 5330, der Schweiz mit 2650, Norwegen mit 2360, Österreich mit 2070, gefolgt von Luxemburg mit 1990, Ungarn mit 1905, Belgien mit 1885 und erst danach Deutschland mit 1575.

Nach dem Ranking der Vereinten Nationen, das die Zahl der aufgenommenen Flüchtlinge in Relation zur Einwohnerzahl und zur Wirtschaftskraft setzt, ist das gastfreundlichste Land Schweden, gefolgt von Malta und Österreich. Deutschland landet auf Platz sieben, es wird rund 230.000 Menschen 2014 vorübergehenden Schutz geboten haben. 50 Prozent mehr als im Jahr zuvor und dennoch nur 0,3 Prozent der Bevölkerung.

Nach einer Statistik des UN-Flüchtlingshilfswerks jedoch liegt Deutschland mit 2,5 Flüchtlingen pro tausend Einwohner überhaupt nur auf Platz 52 und damit weit hinter dem Tschad, der im Norden an das Bürgerkriegsland Libyen grenzt und im Osten an das Bürgerkriegsland Südsudan, der allerdings nie in europäischen Medien Erwähnung findet. Diese UNO-Statistik über Flüchtlingsaufnahme führt der Libanon an mit 178 Flüchtlingen pro tausend Einwohner. Oder, um den Libanon mit oben genannten Ländern direkt zu vergleichen: Dort kamen 2013 auf eine Million Libanesen 178.000 Flüchtlinge, ein Jahr später lag der Schlüssel beinahe bei 3:1.

Die Mehrheit der Syrer flüchtet in die Umländer

Libanon, der instabile kleine Mittelmeeranrainer, trägt die größte Last des Bürgerkriegs in Syrien, seit sich 2011 im Windschatten der Aufstände in Tunesien und Ägypten ein zunächst friedlicher Protest gegen das Regime des Bashar al-Assad und für politische Reformen zu einem jahrelangen Bürgerkrieg auswuchs und Millionen Menschen zu Kriegsvertriebenen wurden. Der 18-jährige Jehia erlangte traurige Berühmtheit. Das UNO-Flüchtlingshilfswerk registrierte ihn als millionsten syrischen Flüchtling in der ohnehin durch Religionen und Volkszugehörigkeiten fraktionierten vormaligen »Schweiz des Nahen Ostens«, wie der Libanon einst genannt wurde.

Im Herbst 2014 wurde die Zahl syrischer Flüchtlinge dort auf 1,5 Millionen geschätzt, mehr als ein Drittel der ursprünglichen libanesischen Bevölkerung.

Würde Deutschland die gleiche Anzahl an Menschen aufnehmen, wären das 25 bis 30 Millionen. Tatsächlich haben in Deutschland im Vorjahr bis Oktober 136.039 Personen einen Asylantrag gestellt, darunter waren 116.659 Erst- und 19.380 Folgeanträge. Die Flüchtlingszahlen des Libanon auf Österreich übertragen ergäbe 2,5 bis drei Millionen Menschen. Tatsächlich waren es 2014 keine 29.000 Asylanträge.

Allein die Auswirkungen auf die libanesische Infrastruktur, die Wasser- und Stromversorgung, das Schul- und Gesundheitssystem sind kaum zu leisten für den überschuldeten Zedernstaat. Mehr als 40 Prozent der Flüchtlinge sind Kinder unter elf Jahren, die allesamt unvorstellbare Schrecknisse erlebt haben. Viele von ihnen landeten im Libanon als Bettler auf der Straße.

Der 18-jährige Jehia, der zum millionsten Flüchtling wurde, fand mit seiner Familie eine Unterkunft am Rande der pulsierenden Millionenstadt Beirut in einer angemieteten Garage. »Wir haben alles verloren. Wir haben unsere Ausbildung verloren, unser Zuhause, wir haben viele Mitglieder unserer Familie verloren. Jede Familie hat jemanden verloren«, sagte er der deutschen TV-Station ARD.

Viele Syrer haben sich auch gar nicht registrieren lassen. Sie haben Geld, kaufen oder mieten sich in Wohnungen ein und treiben die Immobilienpreise noch weiter in die Höhe in Beirut, wo eine Bleibe downtown, wie das Zentrum genannt wird, selbst für gut verdienende Libanesen schon lange nicht mehr leistbar ist.

Bereits ein Jahr nach Beginn des grauenvollen Gemetzels in Bashar al-Assads auf Jahrzehnte ruiniertem Land boten sich syrische Flüchtlinge in den Straßen von Beirut als Tagelöhner oder Autoscheiben-Wäscher an, auch als Prostituierte, während wohlhabendere Landsleute in Mittelklassehotels eincheckten, um sich vom Krieg zu erholen oder um sich eine neue Lebensbasis zu organisieren.

Je ärmer die Menschen früher in Syrien waren, desto ärmer sind sie als Flüchtlinge. So muss etwa eine vierfache Mutter, die mit Mann und Kindern in einem Zelt in der Bekaa-Ebene unterkam, zusehen, wie ihre 12-jährige Tochter Geld auf den Feldern verdient. Die Erwachsenen, erzählte die Frau der ARD verbittert, hätten keine Arbeit gefunden. Jetzt komme die kleine Tochter täglich todmüde nach Hause wie irgendein Arbeiter. »Aber sie ist doch ein junges Mädchen!«

Zur Not mit den Flüchtlingen kommt im hochgradig instabilen und in Teilen äußerst unsicheren Libanon längst auch die Angst vor Extremisten, die einsickern könnten. Flüchtlinge wurden bereits attackiert. Und die Regierung kündigte an, keine weiteren Syrer mehr aufzunehmen.

Das arme Königreich Jordanien mit seinen 6,3 Millionen Einwohnern – unter ihnen zahllose palästinensische Flüchtlinge und Abertausende Iraker aus dem Krieg von George W. Bush gegen Saddam Hussein 2003 – hat 450.000 registrierte syrische Flüchtlinge und eine riesige Anzahl an Syrern, die sich selbst irgendwie durchbringen. Das Land hat die offiziellen Grenzübergänge zu Syrien geschlossen. Seither müssen sich die Flüchtlinge durch die Wüste durchschlagen. Mittels Schleppern, die sie auf Trucks mitnehmen, für 2000 Euro pro Kopf.

Das Flüchtlingshochkommissariat UNHCR hat mitten in der Wüste, 70 Kilometer entfernt von der Hauptstadt Amman, eine neue Bleibe für 50.000 Personen errichtet. Die Maximalkapazität wird mit 100.000 angegeben in diesem Camp mit Namen Al-Zaatari, fernab der Zivilisation. Ebenerdige Wellblechhäuschen stehen in Reih und Glied, die dank guter Isolierung tagsüber im Sommer nicht zum Backofen werden und in den kalten Wüstennächten nicht zum Kühlschrank.

Jordanien ist eines der trockensten Länder der Erde, das Trinkwasser für die Blech-Stadt eines der großen logistischen Probleme. Es muss von drei 40 Kilometer entfernten Brunnen zum Camp gebracht werden.

Bei der Planung des Lagers habe man sowohl Erfahrungen andernorts wie auch Wünsche der Flüchtlinge bedacht, berichtete die Leiterin dieser Not-Neustadt, Bernadette Castel-Hollingsworth, der *Wiener Zeitung*, und zwölf Dörfer mit entsprechender Infrastruktur, von der Schule bis zum Polizeiposten und zur Klinik, errichtet. Die dörfliche Anordnung ermöglicht es den entwurzelten Menschen, ihre alte Familien- und Clanstruktur in der Fremde wieder zu errichten. Im Camp wurde auch das Schamgefühl der Menschen bedacht und nicht, wie andernorts, ein eigener »Stadtteil« voller Toilettenanlagen errichtet, sondern es gibt für je sechs Hütten zwei Sanitäranlagen.

Der UNHCR-Standard für die Menschen, die nur mitnehmen konnten, was sie zu schleppen vermochten, beinhaltet eine Solarlampe, Matratzen und ein wenig Kochgeschirr sowie einen Gaskocher. Allein dass sich die Heimatvertriebenen in diesem Lager nicht stundenlang ums Essen anstellen müssen, sondern selber kochen können, strukturiert ein wenig ihren Tag und bietet ihnen ein bisschen von jener Selbstbestimmung, die üblicherweise in Flüchtlingslagern komplett verloren geht.

Nach kurzer Zeit schon gab es in dem Lager kleine Geschäfte, viele Syrer nutzten ihren Sinn für den Handel. Die staubige Hauptstraße im Camp nennen die Heimatlosen Champs Elysées. Es gibt dort ein Café Freedom in einem Container, Shops mit Obst und Gemüse, Bäckereien, Geschäfte mit Haushaltsgeräten und Fernsehern sowie Frisiersalons und eine Moschee.

In Syriens Nachbarland Türkei hatte die Zahl an Flüchtlingen Ende 2014 fast 1,5 Millionen erreicht. Anfangs waren die Grenzen für sie offen und Ankara stellte den Entwurzelten Wohnraum sowie Bildung zur Verfügung. Das UN-Flüchtlingshilfswerk hatte beratende Funktion. 200.000 Personen leben in Camps, die große Mehrheit schlägt sich selber durch. Die Wohlhabenderen haben sich irgendwo eingemietet, eröffnen Cafés und Läden und machen den Türken Konkurrenz. Die Armen landen als Taglöhner in Istanbul und anderen großen Städten, auch Kinderarbeit wurde für Syrer normal. Allein in der Bosporus-Metropole sollen 300.000 Syrer individuell untergekommen sein. Viele bieten ihre Arbeitskraft unter dem Ortspreis an, weswegen es bereits Schlägereien mit türkischen Arbeitern am Bau gab.

Das Land, dessen Außenpolitik so massiv auf den Sturz von Bashar al-Assad gesetzt hatte, musste auf freier Fläche Zelt- und Containerstädte errichten, von denen manche bis ans Ende des Horizonts reichen. Ankara offeriert den Entwurzelten, die sich oft mit Sack und Pack zu Fuß in die Türkei retten, »vorübergehenden Schutz«.

Immer wieder gibt es Berichte, wonach syrische Flüchtlinge, insbesondere Kurden, an der Grenze abgewiesen und damit höchster Lebensgefahr ausgesetzt würden. Denn die türkischen Politiker fürchten nichts mehr als einen eigenen Kurdenstaat auf ihrem Boden. Im Irak etwa führten mehr als zehn Jahre Krieg, Bürgerkrieg und Machtvakuum der Regierung in Bagdad im Norden zu einer autonomen kurdischen Region, die sich längst dank des Ölvorkommens, aber auch strikter innerer Organisation, darauf vorbereitet hat, ein Staat zu werden, so es denn die Weltpolitik eines Tages zulässt.

Amnesty International dokumentierte, dass zwischen Dezember 2013 und August 2014 mindestens 17 Flüchtlinge an der türkischen Grenze erschossen wurden. »Die Türkei hat ihre Grenzen offiziell für syrische Flüchtlinge geöffnet, tatsächlich werden immer wieder Flüchtlinge zurückgeschickt, auf einige wurde scharf geschossen. Das ist eine eindeutige Verletzung des Völkerrechts«, sagte Heinz Patzelt, Generalsekretär von Amnesty International Österreich.

Innerhalb der EU ist Italien ob seiner langen, Nordafrika am nächsten gelegenen Küste am stärksten von den Zuständen in Syrien, im Irak und in den schwarzafrikanischen Kriegs-, Krisen- und Armutsländern betroffen. Da kein gerechter Aufteilungsschlüssel innerhalb der EU herrscht, sondern im Gegenteil die »Drittlandklausel« gilt, musste und muss Italien mit der Menschenflut selber fertig werden. Denn nach europäischem Recht muss der Staat, auf dessen Boden ein Asylwerber seinen Fuß als erstes gesetzt hat, diesen betreuen. Bis zur legalen Ausweisung, sofern der Bewerber keinen triftigen Asylgrund vorweisen kann. Oder bis zur Anerkennung als Flüchtling und danach erst recht, immer ist das Erstland zuständig. Unter dieser Klausel leidet seit Jahren auch das durch Wirtschaftskrise und Brüsseler Sparprogramme gepeinigte Griechenland.

Schwimmend nach Griechenland

Es war ein warmer Septembermorgen, erinnert sich der 23-jährige Syrer Amer Khalif. Und er sei »wie wahnsinnig« Richtung Chios geschwommen und habe immer wieder um Hilfe geschrien. Hinter ihm, in den Fluten, zwei andere Syrer, die so wie er in schwarzen Gummireifen steckten, um auf ihrem Meerestrip von der Türkei nach Griechenland nicht unterzugehen. Sie seien in einer größeren Gruppe unterwegs gewesen, erzählte der junge Mann dem *Wall Street Journal*. Alle seien sie dem Krieg in Syrien und dem Kampf gegen die

Extremisten des »Islamischen Staats« entkommen und wollten in Europa Asyl erhalten.

An warmen Tagen, wenn die See ruhig ist, versuchen mittlerweile Hunderte, sich von der türkischen Küste an die griechische und damit nach Europa zu retten – und hoffen, von Helfern aufgefischt zu werden, ehe sie die Kräfte verlassen. Während der Nächte und in den frühen Morgenstunden patrouillieren zwei griechische Boote der Küstengarde vor Chios, der fünftgrößten besiedelten griechischen Insel. Mit einer Besatzung von zwölf Mann ziehen die Schiffe ihre Bahn. Die Mannschaft versieht einen 24-Stunden-Dienst und fischt Migranten aus der nördlichen Ägäis.

Als Amer Khalif ihrer ansichtig wurde, breitete sich auf seinem Gesicht seiner Erinnerung nach ein breites Lächeln aus und er machte, in seinem Gummischlauch steckend, das Victory-Zeichen. Im Boot sei er dann kollabiert, aus Erschöpfung, aber auch aus Freude, dass er endgültig seiner zerbombten syrischen Heimatstadt Deraa und den türkischen Flüchtlingslagern entkommen war. »Yunan, Yunan?«, habe er immer wieder atemlos gefragt, es ist das arabische Wort für Griechenland. Als ihm einer seiner Retter das griechische Hoheitsabzeichen gezeigt hatte, reckte Amer Khalif seinen Kopf Richtung Himmel, hob die Hände und betete.

Manche Flüchtlinge würden ihre aufblasbaren Gummiboote mit irgendeinem scharfen Gegenstand zerstören, wenn sie in Küstennähe und in Sichtkontakt zur Küstenwache seien, damit sie auch sicher gerettet würden, erzählten Kriegsvertriebene. In einer Nacht waren es gleich 35. Ein junger Mann habe gebrüllt, dass er nicht schwimme könne. Und ein älterer Mann habe verzweifelt versucht, seine Brille festzuhalten und nicht unterzugehen. An Bord habe einer der Flüchtlinge den griechischen Behördenvertretern erzählt, den Rat, das Boot zu zerstören, hätten sie von den Menschenschmugglern erhalten. So würden sie sichergehen, dass die Griechen sie retten. Die griechische Küstenwache sagt, dies sei nun übliche Praxis.

Menschenrechtsvertreter und das UN-Flüchtlingshochkommissariat warfen Griechenland vor, man würde Flüchtlinge nötigen, in die Türkei zurückzuschippern. Das wäre nach internationalem Recht illegal und Athen widerspricht diesen Vorwürfen.

Chios-Stadt hat 24.000 Einwohner und 6000 Fremdenbetten – für Touristen, nicht für Asylanten –, einen malerischen Hafen und schmucke Gässchen und ist nur eine Fährstunde vom türkischen Ferienort Çesme entfernt. Und in dessen Blickweite.

Schmuggler, die ihre menschliche Fracht per aufblasbarem Boot mit einfachem Außenbordmotor befördern, bevorzugen die Route nach Chios, denn es ist die schnellste von der Türkei in die EU. An manchen Stellen ist es ein relativer Katzensprung von nur acht Kilometern und in einer halben Stunde zu schaffen.

Türkische Grenzpatrouillen berichteten, im Vorjahr hätten 11.000 Migranten versucht, auf diesem Weg nach Griechenland zu gelangen. Wer es schafft, wird zu einem Empfangszelt gebracht und dann weiter ans Ende des Hafens von Chios, wo ein paar Schiffscontainer als Unterkünfte umfunktioniert wurden. Zwei Chemietoiletten und schmutzige Zelte stünden als Schlafräume bereit.

Der stellvertretende Hafenleiter sagte dem *Wall Street Journal* unumwunden, die Bedingungen für die Flüchtlinge seien inakzeptabel. Aber man tue, was man könne. »Wir werden überschwemmt. Manchmal schlafen wir überhaupt nicht mehr«, berichtete der Mann, während seine beiden Mobiltelefone und sein Festnetztelefon gleichzeitig läuteten.

Nach ein oder zwei Tagen werden die Flüchtlinge in eine andere Unterkunft gebracht. Für 150 Personen ist sie konzipiert, weit mehr sind darin untergebracht. Ein bis zwei Wochen später halten die Menschen ihre neuen griechischen Papiere in Händen und machen sich auf Richtung Piräus.

1350 Personen hat Chios von Januar bis September 2014 vorübergehend aufgenommen, das war eine Steigerung gegenüber dem Jahr zuvor von 744 Prozent. Auf der Insel Samos landeten 1610 Personen, um 186 Prozent mehr als im Jahr zuvor. Und auf Lesbos lag die Steigerung mit 2002 Kriegsflüchtlingen bei 738 Prozent.

Der junge Amer Khalif gehört zu den 165.000 Syrern und Syrerinnen, die laut der europäischen Statistikbehörde Eurostat in den vergangenen drei Jahren EU-Europa erreichten.

Dass die Menschen unseren Kontinent schwimmend bei Chios und nicht mehr auf dem Landweg zu entern versuchen, liegt an einem Zaun an der Außengrenze der »Festung Europa«. Athen hat seine gut 206 Kilometer lange Landesgrenze mit der Türkei mit Metall und Stacheldraht versperrt – eine Folge von 75.000 aus der Türkei gekommenen Flüchtlingen im Jahr 2010.

An der bulgarischen Grenze misshandelt

30 Kilometer lang und mit Rasierklingendraht abgesichert ist ein Teil der 273 Kilometer langen Grenze des ärmsten EU-Mitgliedsstaats Bulgarien zur Türkei, dem Land mit dem zweithöchsten Flüchtlingsaufkommen aus Syrien. Von den 273 Kilometern, 96 Metern und 70 Zentimetern, wie die *Frankfurter Allgemeine* (FAZ) minutiös vermerkte, sind 150 Kilometer Landgrenze, auf 125 Kilometern trennen Flüsse den eurasischen und den rein europäischen Staat.

Human Rights Watch berichtete von grauenvollen Zuständen an dieser Grenze. So hätten bulgarische Polizisten Asylsuchende, die sich bereits auf bulgarischem Boden befanden, bestohlen, misshandelt, in die Türkei zurückgeschickt. Dokumentiert ist ein Fall aus dem Sommer 2014, als bulgarische Polizisten mehr als 20 männlichen syrischen Flüchtlingen die Mobiltelefone und die Wasserflaschen abgenommen, einige geschlagen hätten, mit ihnen zur Grenze gefahren seien und die Asylwürdigen in die Türkei zurückgescheucht hätten. Alles illegale Akte, aber ohne dass sich in Brüssel jemand groß darüber aufregen würde.

Einen derer, die von den bulgarischen Sicherheitsbehörden zurückgedrängt wurden, ließ Amnesty International zu Wort kommen. Rahim aus Afghanistan, 16 Jahre alt, habe im Sommer 2014 versucht, von der Türkei nach Bulgarien zu fliehen. »Die Polizeibeamten haben mich und meinen 13-jährigen Freund Ahmed erwischt … Sie haben nach uns getreten und hatten diese schwarzen Stöcke, hart wie Eisen. Damit haben sie uns auf die Knie und die Hände geschlagen … Einer von ihnen hat uns auf die türkische Seite zurückgeworfen wie einen alten Lumpen«, erzählte der Minderjährige.

Eine Anfrage von Human Rights Watch habe die Regierung in Sofia unbeantwortet gelassen. Die NGO forderte, Brüssel müsse das ökonomische Schlusslicht Bulgarien unter Druck setzen, die Grenzen für Asylsuchende offen zu halten.

Die EU wiederum forderte von der Regierung in Sofia, sie müsse die EU-Außengrenze wirksam kontrollieren. Weder das eine noch das andere kann Bulgarien wirklich leisten, doch die sozialistische Regierung beschloss im Herbst 2013, einen Grenzzaun zu errichten, drei Meter hoch und mit Stacheldrahtrollen am oberen Ende. Perfid war die Erklärung aus dem Innenministerium: Der Zaun solle die Flüchtlinge nicht abhalten, sondern auf die offiziellen Grenzpunkte umleiten. Ansonsten war das Land damit beschäftigt, den Zaunbau fortzusetzen. Die Begründung: In der Türkei würden eine

Million Flüchtlinge warten und Bulgarien sei ihre »natürliche Route«, um in die gewünschten Zielländer Deutschland, Schweden oder Frankreich zu gelangen. Der Zaun werde seine Kosten von mehr als 20 Millionen Euro binnen zweier Jahre wieder eingespart haben, rechnete die Nummer zwei im bulgarischen Innenministerium der FAZ vor.

Dass solche Rechnungen nicht aufgehen, zeigen die Statistiken über die Flüchtlingszahlen. Denn Menschen mit ausreichend Verzweiflung im seelischen Gepäck passen ihre Routen den Hürden der EU rasch an. Die Schlepper tun dies auch. Und Bulgarien kann wohl nicht die touristischen Strände, die Haupteinnahmequelle des Balkanlandes, mit Stacheldrahtverhau verschandeln. »Begegnungen europäischer Badegäste und Sauftouristen mit ausgemergelten Bootsflüchtlingen aus dem Nahen Osten sind im kommenden Sommer also womöglich all inclusive an Bulgariens Küsten«, lautete der letzte Satz in der Reportage der FAZ.

Überfordertes Malta

Auch das kleine Malta stöhnt unter den Flüchtlingen. Europa habe Italien und Malta im Stich gelassen, konterte der maltesische Premier Joseph Muscat wütend Brüssels Ignoranz gegenüber der Flüchtlingsproblematik für all jene Staaten, die Küsten in relativer Nähe zu Nordafrika haben. Im Juni 2014 musste den maltesischen Behörden sogar die US-Marine zu Hilfe kommen, um 25 Flüchtlingsboote aus Seenot zu retten. Die Boatpeople stammten aus Afghanistan, Syrien, Algerien und Somalia. Tags zuvor hatten Malteser 130 Flüchtlinge, unter ihnen elf Frauen, aus dem Mittelmeer gefischt, nachdem das Schlauchboot der Unglücklichen leck geworden war.

Der mit 425.000 Einwohnern und 316 Quadratkilometern kleinste EU-Staat Malta ist seit 2004 Mitglied und weigert sich nunmehr, weitere Asylsuchende zu den 10.000 Bootsflüchtlingen primär aus Somalia, Äthiopien und Eritrea aufzunehmen. Die meisten der in Internierungslagern unter elenden Bedingungen untergebrachten Afrikaner werden aus humanitären Gründen – hauptsächlich wegen Bürgerkrieg – nicht abgeschoben, haben aber nicht den Status von Asylberechtigten, was Malta harsche Kritik von Menschenrechtsorganisationen und dem EU-Parlament eingebracht hat.

Die Regierung in Valletta griff zu drastischen Mitteln und weigerte sich, Schiffen mit aus Seenot Geretteten die Einfahrt in seine Häfen zu erlauben und verlangte, dass die Bootsflüchtlinge auf alle EU-Mitglieder gerecht aufgeteilt werden. Die Ablehnung durch die EU-Innenminister erfolgte prompt.

»Die Flüchtlinge, die an Italiens oder Maltas Küsten landen, sind nicht allein die Angelegenheit Maltas oder Italiens. Es ist die gemeinsame Verantwortung der Europäer, wie mit diesen Menschen umgegangen wird.« Die Worte stammen vom deutschen Bundespräsidenten Joachim Gauck aus dem Juli 2014. Flüchtlinge hätten Rechte, die zu achten sich Europa verpflichtet habe. »Die Bilder der Särge im Hangar des Flughafens von Lampedusa, die Bilder der kletternden Menschen am Stacheldrahtzaun der Exklaven Ceuta oder Mclilla – sie passen nicht zu dem Bild, das wir Europäer von uns selber haben. Eine gemeinsame europäische Flüchtlingspolitik hat sicherzustellen, dass jeder Flüchtling von seinen Rechten auch Gebrauch machen kann – nicht zurückgewiesen zu werden ohne Anhörung der Fluchtgründe, gegebenenfalls auch Schutz vor Verfolgung zu erhalten. Eines sollten wir nicht tun: einander vorrechnen, was erst der andere tun muss, bevor wir selbst uns bewegen.« Gehört wurde der frühere evangelisch-lutherische Pastor Gauck in Brüssel nicht.

Die Not Italiens

Im Mai 2014 hatten die Behörden auf Sizilien binnen weniger Tage 5200 Bootsflüchtlinge aufzunehmen – zusätzlich zu den 50.000, die von Jahresbeginn 2014 an die Insel erreicht hatten. Unter ihnen mittlerweile auch viele unbegleitete Minderjährige. 134 Flüchtlingslager hat Sizilien, und die ansässige Bevölkerung immer weniger Verständnis für die Menschenmassen aus aller Herren Länder. Nachdem innerhalb von zwei Tagen mehr als 2000 Flüchtlinge nach Sizilien gebracht worden waren, wuchs der Unmut der Sizilianer über die chronisch überbelegten Lager kräftig.

Der Bürgermeister der Hafenstadt Porto Empedocle nannte die Lage »außer Kontrolle« und versuchte, Druck auf Rom und Brüssel zu machen. »Wir können diese biblische Auswanderungswelle nicht allein meistern. Wir brauchen Unterstützung von den Institutionen.«

Leoluca Orlando, Jesuitenschüler, prominenter ehemaliger Mafia-Jäger, italienischer Politiker und nach einer Unterbrechung wieder Bürgermeister von Palermo, sagte, seine Stadt sei offen und hilfsbereit. Nun aber stehe Sizilien »vor dem Zusammenbruch« und die Politik der EU sei unsensibel gegenüber den Dramen und Tragödien, die sich an den Küsten Siziliens abspielen.

Kaum angekommen, suchen die Migranten eine Möglichkeit, Sizilien zu verlassen. Viele wollen zu ihren Angehörigen in Oberitalien, in Deutschland oder Frankreich. Manche berichteten, sie seien von Libyen aus nach Europa gekommen und hätten Schleppern bis zu 1000 Euro pro Kopf für die Überfahrt, Luftlinie 1253 Kilometer, bezahlt. Weil die Migranten nicht ausreichend betreut werden und werden können, sind laut Medienberichten allein in den ersten neun Monaten des Jahres 2013 30.000 untergetaucht.

150.000 Immigranten, in der militärisch angehauchten Fachsprache der Bürokraten »Anlandungen« genannt, haben es von Januar bis November 2014 lebend an Italiens Küsten geschafft – mehr als doppelt so viele wie im Jahr davor. Unter den Angekommenen sind immer mehr allein reisende Jugendliche, auch viele Mädchen, denen ihre verzweifelten Eltern das Überleben sichern wollen, indem sie sie fortschicken, auch wenn die Fluchtroute noch so gefährlich ist. Allein 2014 haben Unterbringung und Versorgung der Asylwerber den maroden Staat Italien 320 Millionen Euro gekostet.

Die meisten derer, die an der italienischen Küste landeten, verdankten bis zum Herbst 2014 ihr Überleben dem italienischen Programm Mare Nostrum (Unser Meer). Neun Millionen Euro berappte Rom monatlich dafür, dass Boatpeople von gekenterten, oft seeuntauglichen Nussschalen gerettet wurden, dank der Beobachtung des Mittelmeers zwischen der nordafrikanischen und der italienischen Küste durch Besatzungen von Hubschraubern, Flugzeugen und der Marine.

»Wenn die italienische Küstenwache unter diesem Motto (Mare Nostrum) entlang der südlichen Seestraßen patrouilliert, ist es wörtlich zu verstehen: unser Meer. Das bedeutet, Fremde haben hier nichts verloren«, schrieb Jakob Augstein in einer Kolumne des *Spiegel*. Und weiter: »Bis dahin kümmerte sich Europa um die Verzweifelten oft erst, wenn sie die Küste erreicht hatten. Der Strand, der dem Europäer zur Erholung dient, bedeutete bis dahin für den Flüchtling die Grenze zwischen Leben und Tod. Niemand weiß, wie viele es nicht bis dahin schafften. Jetzt beginnt man zu ahnen, dass es viele waren, die im Meer ertranken.«

Für das Jahr 2014 wurde die Zahl der tot an Land geschwemmten Menschen mit 3200 angegeben. Und täglich hat Italien mit Mare Nostrum im Schnitt 400 Personen ein Weiterleben ermöglicht.

Unter den 150.000 Flüchtlingen, die Italien erreichten, waren mehr als 23.000 Menschen aus dem seit vier Jahren kriegsgeschundenen Syrien, wo ein Überleben in vielen Gegenden nicht mehr möglich ist. Aleppo, zweitgrößte Stadt des Landes und eine der ältesten der gesamten Region, war mit seiner Festung und dem so lebendigen und vielfältigen Basar einst Touristen-Magnet. Heute liegen der Basar und ganze Stadtteile in Trümmern und die ehemals moderate Opposition gegen Assad musste Aleppo der Soldateska des Diktators und den Terrorbanden des selbst ernannten »Islamischen Staats« überlassen.

Die arabische Volksrepublik des gelernten Augenarztes Bashar al-Assad, der in London lebte und im Jahr 2000 auf Diktator in Damaskus umschulte, wurde zu einer Hölle für alle, die nicht mit der Waffe in der Hand existieren wollen. Das Land ist mittlerweile aufgeteilt in einen Machtbereich Assads und in jenen der grausigsten Islamisten-Terroristen, mit winzigen einigermaßen organisierten Einsprengseln der Kurden. Ein Ende der Kämpfe ist nicht in Sicht, ein Überleben für normale Bürger auch nicht.

Geflohene Syrer und Syrerinnen sind sowohl nach den EU-Gesetzen wie nach der UN-Menschenrechtskonvention asylwürdig, genauso wie Menschen aus den Unruhegebieten Malis, aus Eritrea, dem Irak, Somalia.

Da kein gerechter Aufteilungsschlüssel innerhalb der EU herrscht, sondern im Gegenteil die »Drittlandklausel«, musste und muss Italien mit der Menschenflut selber fertig werden.

Besonders hart treffen die Menschenmassen das wahrlich nicht gerade reiche Land, das mit einer gewaltigen Wirtschaftskrise und damit einhergehender Arbeitslosigkeit zu kämpfen hat, die dazu führt, dass sich immer mehr Italiener genötigt sehen, ihrerseits ihre Heimat zu verlassen. Italien war im späten 19. und zu Beginn des 20. Jahrhunderts das europäische

Auswanderungsland schlechthin. Nun ist es Einwanderungs- und Auswanderungsland zugleich.

Die Zahl der 2013 Ausgewanderten war größer als jene der Migranten, die legal nach Italien kamen. 94.000 Italiener haben 2013 im Ausland ihr Glück versucht – ein Plus von 16 Prozent gegenüber 2012 –, während nur 43.000 ausländische Arbeitskräfte legal ins Land kamen. Selbst Akademiker aus Norditalien suchen immer häufiger einen Job im Ausland. 2013 kamen 1356 Italiener nach Österreich, etwas mehr als 20.000 Landsleute leben hier schon länger.

Wer im Adriastaat bleibt, hat wenig Lust und mangels eigener Wohnung, fixem Job und somit mangels Kreditfähigkeit auch wenig Möglichkeit, sich zu vermehren. Die Geburtenrate im katholischen und kinderliebenden Italien sank ob der grassierenden Krise massiv. 2013 verzeichnete das Land einen Rückgang gegenüber dem Jahr davor von 3,7 Prozent. Der derzeitige Stand: 8,5 Neugeborene pro 1000 Einwohner.

2014 gab es keine wirtschaftliche Verbesserung, nach wie vor lag die Arbeitslosigkeit bei 12,4 Prozent und die der Jugendlichen bis 20 Jahren gar bei 40 Prozent.

Dass bei solchen sozialen Zuständen manch italienische Behörde die Asylwerber nicht, wie EU-weit vereinbart, mit Fingerabdruck und Namen registriert, sondern einfach »durchwinkt«, mag ob der Unsolidarität der Solidargemeinschaft EU und trotz aller Kritik aus anderen EU-Staaten ein wenig verständlich sein. Wegen seiner maroden Wirtschaft und der nicht zu weckenden Solidarität der anderen EU-Mitglieder stellte Rom Mare Nostrum im November ein.

Wie wenig Menschenleben von Flüchtlingen, seien sie nun aus Kriegs- oder aus Wirtschaftsgründen nach Europa unterwegs, wert sind, erfährt jede Zeitung und jedes Magazin, die Geschichten über den Ansturm auf die Festung Europa drucken. Leser-Kommentare reichen von Zynismus bis zu blankem Rassismus. Unter einen Bericht des deutschen Magazins *Focus* über das Ende von Mare Nostrum schrieb ein Herr:»... wie wäre es denn, ganz auf die Seeüberwachung zu verzichten und Kreuzfahrtschiffe direkt vor die afrikanische Küste zu schicken. Dann bräuchte man dort keine Seelenverkäufer mehr zu befürchten und alle Flüchtlinge kämen gesund in Europa an. Schließlich tragen wir ja die moralische Verantwortung dafür, dass jeder, der zu uns will, aus welchem Grund auch immer, uns in guter Verfassung erreicht.«

Es gibt aber auch andere Stimmen, wie etwa jene:»Die EU-Diplomaten machen sich einen schlanken Fuß und kritisieren Italien und mahnen grenzsichernde Verpflichtungen an. Italien hat Europa mehrfach aufgefordert, sich wenigstens finanziell zu beteiligen. Aber wenn es ums Geld geht, schauen Politiker gern auch einmal weg. Darf Europa, das sich humanitären Werten verpflichtet fühlen sollte, nur mit der Schulter zucken? Die Abschottungspolitik ist ebenso gescheitert wie die Überwachungsprogramme. Ebenso wie die fragwürdige Drittstaatenregelung. Man hat in Brüssel 27 Kommissare damit beschäftigt, irgendwelche Richtlinien festzulegen.« Aber man habe sich nicht den Kopf zerbrochen über Lösungen, die das Wort auch verdienen.

Besonders harsch war die Kritik des Globalisierungskritikers und ehemaligen UN-Sonderberichterstatters für das Recht auf Nahrung, Jean Ziegler, am Auslaufen von Mare Nostrum. Hatte er jahrelang die reiche Welt für mitschuldig erklärt, dass alle fünf Sekunden ein Kind unter zehn Jahren verhungert, so meinte er zur Flüchtlingsabwehrpolitik:»Die EU macht sich strafrechtlich schuldig.« Und es sei keineswegs ausgeschlossen, dass es in Europa zu einem Aufstand des Gewissens komme und dass Verantwortliche für die Zustände an Europas Außengrenzen eines Tages vor einem Tribunal landen. »Dieses Ertrinkenlassen ist unterlassene Hilfeleistung für Menschen in Todesgefahr, was in allen europäischen Staaten unter Strafe steht«, so Ziegler in einem Interview mit dem *Standard*. Also mache sich die EU »nicht nur moralisch, sondern auch strafrechtlich schuldig«. Und Flucht sei oft nichts anderes als Notwehr.

Grenzen sichern statt Menschen helfen

Das neue Instrument der EU im Mittelmeer heißt nach dem Ende von Mare Nostrum wie das alte: Frontex. Frontex ist die »Europäische Agentur für die operative Zusammenarbeit an den Außengrenzen der Mitgliedsstaaten der Europäischen Union« (European Agency for the Management of Operational Cooperation at the External Borders of the Member States of the European Union) und ist nicht nur nach Ansicht von Kritikern nicht primär dazu da, Menschen das Leben zu retten, sondern eben die EU-Grenzen zu bewachen.

Die deutsche Organisation proasyl meinte, es sei kein Geheimnis, dass die EU-Innenminister Mare Nostrum in erster Linie als »Pull-Faktor« angesehen hätten, dass also mehr Flüchtlinge die Überfahrt nach Italien gewagt hätten, seit Italien Bootsflüchtlinge vermehrt gerettet hatte. Die neun Millionen Euro, die Rom dafür monatlich ausgab, wären zwei Cent pro EU-Bürger im Monat. Aber die Seerettung werde eben aus migrationspolitischen Überlegungen abgelehnt.

2013 hatten die Organe der Frontex aber immerhin 40.000 in Seenot geratene Personen lebend aus dem Mittelmeer gefischt.

Frontex ist eine Gemeinschaftsorganisation mit Sitz in Warschau, gegründet im Oktober 2004. Ihr Budget steigerte die Agentur seither von sieben auf 93 Millionen Euro. Und ihre Datensammlung über Einwandererbewegungen an den EU-Außengrenzen wächst und wächst.

Nach Recherchen der deutschen Tageszeitung *taz* arbeitet Frontex nur noch mit so genannten Europäischen Grenzschutzteams, gespeist aus den Mitgliedsländern, die ihre Beamten, die sie für Frontex freizustellen gedenken, sowie Ausrüstung in eine Datenbank namens OPERA melden. Das Personal wird in 13 Profilgruppen für verschiedene Einsatzzwecke eingeteilt, wie Erkennung von gefälschten Dokumenten, Seeüberwachung und Identifizierung gestohlener Fahrzeuge. Für 2013 stellten die EU-Staaten unter anderem 26 hochseetaugliche Boote, 259 Boote für Küstenpatrouillen, 39 Nachtsichtfahrzeuge, 43 Flugzeuge und 53 Helikopter zur Verfügung.

Die Mission Triton, die nach Mare Nostrum unter der Leitung der europäischen Grenzschutzagentur Frontex die Agenden übernahm, verfügt nur über ein Drittel des Budgets von Mare Nostrum, es werden wesentlich weniger Schiffe und Flugzeuge in einem erheblich kleineren Seegebiet eingesetzt. »Zudem fehlt Frontex das Selbstverständnis für eine Seerettungsmission, für sie steht der EU-Grenzschutz im Fokus«, kritisierten die deutschen Grünen im Internet. Damit schotte sich die EU noch stärker ab und zwinge Flüchtlinge auf immer gefährlichere Wege.

An Triton beteiligen sich 21 Staaten. Sie stellen sieben Schiffe, vier Flugzeuge, einen Hubschrauber und 65 Mitarbeiter. Kritiker meinten, Triton ersetze nicht die Verpflichtungen, Menschenleben zu retten. Aber Kritiker am Umgang der EU mit Menschenleben wurden bisher noch nie ernst genommen.

Die EU hat noch ein weiteres Instrumentarium zur Grenzüberwachung in petto. Es nennt sich EUROSUR (European Border Surveillance System) und hat Drohnen, Aufklärungsgeräte, Offshore-Sensoren und Satellitensuchsysteme, um die Union gegen illegale Einwanderung zu schützen. Beschlossen im Oktober 2013, begann das System mit 18 EU-Staaten plus

Norwegen zu arbeiten. Es dient der Kooperation nationaler Grenzbehörden, mit dem Ziel, möglichst früh Erkenntnisse über aktuelle Flüchtlingsbewegungen und Schlepperorganisationen zu erhalten, wie Wikipedia schreibt. Die Rettung in Not geratener Menschen soll aber immerhin in die EURO-SUR-Verordnung aufgenommen werden.

Mit Stand Oktober 2013 wurden 244 Millionen Euro aus dem EU-Haushalt bis 2020 für Installation und Betrieb des EURO-SUR-Systems veranschlagt. Manche Quellen sprechen von 340 Millionen, manche Kritiker meinten gar, es würde eine Milliarde verbrauchen, um die weitere Abschottung Europas zu betreiben. »EUROSUR – dein Feind und Helfer« lautete ein Titel über einem der kritischen Kommentare im Internet. Dass auf der anderen Seite die UNO im Dezember ihr Nahrungsmittel-gutschein-Programm für Flüchtlinge bei den syrischen Nachbarn mangels Geld einstellen musste, wirft die Frage auf, wie denn überhaupt mit Geld auf dieser Welt verfahren wird. Besonders, wenn man will, dass Flüchtlinge in der Nähe ihres Heimatbodens auf das Ende eines Krieges warten, müsste der EU und ihren Mitgliedsstaaten daran gelegen sein, Geld dorthin zu schicken, wo die Mehrheit der durch die Gemetzel Vertriebenen ausharrt. Anstatt sie just im Winter ohne Nahrung zu lassen und so etwaige Fluchtgelüste nach Europa geradezu zu fördern – selbst wenn die Schuldner in diesem Fall arabische Staaten waren, die ihre Zahlungsversprechungen nicht einhielten.

Im Rahmen des pleitegegangenen Programms hatte die UNO in Ägypten, dem Irak, Jordanien, dem Libanon und der Türkei 1,8 Millionen Menschen mit Grundnahrungsmitteln versorgt. 5000 Menschen zusätzlich würden täglich registriert, bilanziert die UNO. Das Programm benötige umgehend 64 Millionen Dollar, um syrische Flüchtlinge im auch in der dortigen Region kalten Dezember zu versorgen, hieß es in einer Aussendung der UNO. »Wir sind sehr besorgt über die negativen Auswirkungen dieser Kürzungen für die Flüchtlinge und die Länder, die sie aufnehmen. Diese Länder haben eine schwere Last geschultert«, betonte Muhannad Hadi, der Nothilfekoordinator des Programms.

Privatpersonen sind da oft wesentlich großzügiger als Staaten. Bis Anfang Dezember 2014 verzeichnete die österreichische Hilfsinitiative »Nachbar in Not« Spenden in Höhe von 7,5 Millionen Euro für syrische Flüchtlinge, sagte einer der Koordinatoren. An denen könne sich der Staat ein Vorbild nehmen.

Die Zäune von Ceuta und Melilla

Nicht von Syrern, sondern von Afrikanern anvisiert wird der südlichste Zipfel Europas. Er liegt in Afrika. In den spanischen Exklaven Ceuta und Melilla ist die Abschottung so hoch und so gefährlich für Kletterer wie nur irgend möglich. Dennoch halten auch die sieben Meter hohen, mit scharfen Spitzen und Stacheldraht gespickten Metallgitter Menschen nicht ab, zu versuchen, Europa zu erklettern.

Der 22. Oktober 2014 war ein strahlend sonniger Tag. Nicht in unseren Breiten, aber in Nordafrika. Ein idealer Tag zum Golfspielen, etwa auf dem Green des Club Campo de Golf Melilla. Ein Pärchen, in kurzen, schneeweißen Hosen und kurzärmligen weißen Shirts, widmete sich auf den sanften Hügeln des Platzes seinem Hobby – und hatte bald zwölf Zuschauer: elf junge, schwarze Männer und den Menschenrechtler José Palazón, der von der Szene ein Foto machte.

Tags darauf zierte sein preiswürdiges Bild zahlreiche Zeitungen, von der *Zeit* über den *Tagesanzeiger* und *El País* bis zum *GolfDigest*. Palazóns Foto zeigt den idyllisch sonnenbestrahlten Golfrasen, die beiden Golfspieler und im Hintergrund die jungen Männer, die auf einem viele Meter hohen Zaun am Ende des Golfplatzes – und am Anfang Europas – hocken. Und es zeigt die durch keine Abschottung welcher Art auch immer verhinderbare Nähe von jenen, die rein zufällig und ohne ihr Zutun am »richtigen Ort« geboren wurden und den zahllosen anderen: Hier das Freizeitvergnügen gut situierter Europäer, dort das Elend derer, die es unter allen Umständen in das vermeintliche Paradies schaffen wollen. Unter Einsatz ihres Lebens, ihres Geldes, das sie für die Schlepper durch Wüsten und Kriegsgebiete aufbrachten. Und unter Einsatz ihrer letzten Körperkraft und ihrer Gliedmaßen, die von den messerscharfen Metallspitzen auf Melillas Zäunen aufgerissen werden.

Perversion am Rande: Der Golfplatz, der zwei Millionen Euro gekostet haben soll, wurde nach Recherche der spanischen Zeitung *El País* aus dem Entwicklungsfonds der EU finanziert. Der Fonds dient der »Beseitigung von Ungleichheiten zwischen den verschiedenen Regionen« – innerhalb der EU, versteht sich, wie *El País* zynisch anfügte. Man fühle sich ein wenig schuldig, auch wenn man keine Schuld habe, zitiert eine Zeitung in Melilla die Golfer am äußersten Südzipfel Europas, die aus heiterem Himmel mit dem gigantischen Leid von Afrikanern konfrontiert waren.

Melilla ist wie Ceuta europäisches Territorium auf afrikanischem Boden und dem Massenansturm von Afrikanern täglich ausgesetzt. Man baut die Zäune immer höher, in Zweierreihen, mit immer mehr Stacheldraht am oberen Rand und immer ausgefuchsteren Metallmessern, genannt »NATO-Draht«, noch obendrauf. Wachen patrouillieren und zerren jene vom Zaun, die es nicht rasch genug hoch genug hinauf schaffen. Wobei Spanien im ersten Halbjahr 2014 lediglich 2640 Asylanträge registriert hat.

Im August 2014, so berichteten Medien, seien die spanische Guardia Civil und marokkanische Paramilitärs dazu übergegangen, zaunkletternde Afrikaner zu steinigen oder mit Prügeln zu erschlagen. Die Leichen würden dann, noch während andere Flüchtlinge oben auf dem Zaun sitzen, nach Marokko geschliffen. Eine spanische Menschenrechtsorganisation hat einen solchen Leichenabtransport gefilmt und Aussagen von Flüchtlingen zusammengetragen, wonach einer der Toten der Malier Toumani Samake war. Angeblich wurden Journalisten, die den barbarischen Umgang mit den anstürmenden Afrikanern am europäischen Zaun verfolgten, mit Geldstrafen belegt.

Rund 14.000 junge Männer versuchten im Jahr 2014, die messerscharfe EU-Außengrenze von Melilla zu überwinden, etwa 2000 schafften es.

Ende Oktober brachte die konservative Volkspartei des spanischen Ministerpräsidenten Rajoy im Parlament den Vorschlag ein, Ausländer, die am Grenzzaun aufgegriffen werden, sofort nach Marokko abzuschieben. Bisher galt die Regelung, dass die Personalien derer, die spanischen Boden erreichten, aufgenommen wurden und festgestellt werden musste, ob es sich um politische Flüchtlinge handelt oder um Wirtschaftsmigranten. Dies, so betonte der Innenminister, solle nicht geändert werden – und dürfte nach der Genfer Konvention ja auch nicht. Die Personen allerdings, die im Grenzbereich, auf marokkanischem Boden, von spanischen Beamten aufgegriffen würden, sollen unverzüglich nach Marokko verfrachtet werden.

In den Hügeln hinter der EU-Außengrenze, auf dem Berg Gurugú, lagern seit Jahren Schwarzafrikaner aus allen möglichen Katastrophengebieten und hoffen, eines Tages den Zaun zu überwinden und nach Europa zu springen. Manche haben es bereits mehrere Male versucht, haben sich tiefe Fleischwunden in den Handflächen zugezogen oder Gliedmaßen gebrochen. Doch jede Verletzung, jede Anstrengung scheint es ihnen wert zu sein, auf die andere Seite der Welt zu gelangen. Auf die, in der sie geordnete Verhältnisse, Arbeit und eine friedliche Zukunft erträumen.

»Eigentlich ist es fast ausgeschlossen, über den Zaun zu gelangen. Aber wenn du arm bist, musst du das Unmögliche versuchen.« So oder ähnlich lauten die Aussagen jener, die es wieder und wieder probieren. Oder: »Da unten liegt Melilla, die Stadt unserer Träume, und hier ist die Hölle«, wie ein junger Bursch aus Mali der ARD seine Sicht der Welt beschrieb.

Unter denen, die auf dem Berg im Freien kampieren und auf ihren Moment des Glücks warten, fanden sich auch zwei 15-Jährige. Der eine durchquerte die Sahara in Algerien, der andere in Mali. Das sei schlimm gewesen, berichteten sie leise und stockend. Er sei nicht traurig, ohne Eltern zu sein, flüsterte der eine. »Denn ich will doch auch für sie der Armut entkommen.«

Diese halben Kinder, Burschen und Männer sind monate-, manchmal auch jahrelang durch die Sahara, durch Kriegs- und Krisengebiete gegangen, mit dem Ziel, einen sieben Meter hohen, elf Kilometer langen Zaun zu erreichen und zu überklettern. Meist stürmen sie mit dem Mut der Verzweiflung in großen Gruppen auf die Barriere zu, klettern los, mühen sich mit jenen ab, die sich in der Höhe verstolpern und abzustürzen drohen. Wer es schafft, landet im Lager. Seit sechs Jahren gibt es in Melilla, das wie Ceuta seit 1497 in spanischem Besitz ist und es nach der Unabhängigkeit Marokkos 1956 auch blieb, eine solche Einrichtung. Konzipiert für 500 Personen, teilen sich den Platz doppelt so viele.

Anfang 2014 schätzte man die Zahl derer, die sich in Grenznähe aufhielten, auf 30.000. Wie Italien, Malta und Griechenland fordert auch Spanien eine gemeinsame Politik der EU im Umgang mit dem Ansturm der Menschenmassen und fühlt sich allein gelassen. Und hinter vorgehaltener Hand sagen manche über die von Drogenschmugglern und anderen Banden unterwanderten Exklaven, sie hätten keine Zukunft als spanischer Besitz.

Mehr als 56 Millionen auf der Flucht

Auf Facebook entspann sich ob des Golfplatz-Flüchtlings-Fotos sofort die Debatte, ob dieses Bild denn kein Fake, also eine Fälschung, wäre. Dass es, »wenn die nicht Golf spielen würden, denen nebenan auch nicht besser ginge«. Und ob »wir« denn die Millionen Menschen, die nach der Genfer Konvention schutzwürdig wären, alle aufnehmen können.

»Angeblich werden 100 Millionen Menschen allein wegen ihres christlichen Glaubens verfolgt. Darüber hinaus gibt es noch unzählige andere Verfolgungsgründe, also 500 Millionen Menschen bekommen wir locker zusammen, die nach der Genfer Konvention Anspruch auf Asyl haben. Was tun wir, wenn auch nur zehn Prozent davon zu unseren Botschaften kommen, um Asyl ansuchen, und in einem fairen Verfahren Asyl bekommen? Wie integrieren wir diese Menschen in einem Europa mit 25 Millionen Arbeitslosen?« Ein Posting auf Facebook, ohne Rechtschreibfehler, nachweislich von einem gebildeten Menschen und nicht von einem rechten Ausländerfeind verfasst, und eines, das die irrationalen Ängste eines Europäers vor einer nie enden werdenden Flut an Fremden gut darstellt.

Von 500 Millionen Flüchtlingen spricht nicht einmal die alarmistischste Hilfsorganisation. Die Zahlen der UNO im Herbst 2014, in dem die langjährigen Bürgerkriege in Somalia, im Jemen, in Syrien, in Afghanistan weitergingen und der Bürgerkrieg im Irak durch die Terrorbrigaden des selbst ernannten »Islamischen Staats« wieder massiv an Vertreibungskraft gewonnen hat: Mehr als 56 Millionen Menschen, so viele wie noch niemals in der Geschichte der Menschheit, sind auf der Flucht. Wären sie eine Nation, sie wären die 26.-größte.

Und weil die Welt so grausam ist, wie sie ist, stiegen im Herbst 2014 tatsächlich die Zahlen an Asylwerbern in der EU. Aber bei weitem nicht so stark, wie man das ob der schaurigen Weltlage hätte erwarten können. Denn die meisten Flüchtlinge, nämlich 87 Prozent, bleiben tatsächlich in der Nähe ihrer Heimat – immer in der Hoffnung, in absehbarer Zeit zurückgehen und Haus wie Leben wieder aufbauen zu können. Für die »Erste Welt«, Australien, Europa, Kanada, USA mit insgesamt fast 900 Millionen Einwohnern, bleiben von den mehr als 56 Millionen Umherirrenden theoretisch 13 Prozent oder rund sieben Millionen übrig.

Tatsächlich verzeichnete die gesamte EU mit mehr als 500 Millionen Einwohnern im Jahr 2013 435.000 Asylanträge, also weit weniger als 0,1 Prozent. Mit 72.840 kamen die meisten Anträge von Bürgern aus den Balkanstaaten Serbien, Kosovo, Mazedonien und Albanien. Ihre Anerkennungsrate liegt bei lediglich 3,8 Prozent und die EU-Asylbehörde EASO sprach in diesem Zusammenhang von einer »sehr großen Arbeitsbelastung«, zitierte der *Kurier*. Die meisten Ansuchen seien »augenscheinlich unbegründet«. Auf Platz zwei der Asylantragsteller lagen 2013 Syrer. 50.000 haben angesucht und damit doppelt so viele wie im Jahr davor. In Österreich lag die Asylwerberzahl 2013 bei 17.500 und war damit »stabil«.

2014 stieg die Zahl der Antragsteller entsprechend der Zahl der Krisen und Kriege auf dieser Erde. In den ersten beiden Quartalen wurden EU-weit 230.000 Anträge gestellt. Selbst wenn man diese Zahl bis zum Jahresende hochrechnete, ergäbe sich aber, ganz im Gegensatz zu überdramatisierenden Aussagen ausländerfeindlicher, rassistischer, aber auch gutbürgerlicher Stimmen, nach wie vor kein dramatischer Ansturm auf den überalterten Kontinent. Sondern maximal eine Zahl an Asylwerbern von 0,1 Prozent der Einwohner der EU. Da die Anerkennungsrate EU-weit bei unter 30 Prozent liegt, lässt sich leicht ermessen, wie wenige Menschen tatsächlich in EU-Europa bleiben und sich eine Existenz aufbauen können.

Das Versagen Europas

So wenig dramatisch die tatsächlichen Zahlen der Immigranten aus Kriegs- und Verfolgungsgründen für einen Kontinent sind, in dem die Geburtenrate weit unter der Reproduktionsrate, den zum Bevölkerungserhalt notwendigen zwei Kindern pro Paar, liegt, so dramatisch ist allerdings der Mangel an einer sinnvollen Einwanderungspolitik, am Verständnis der Mehrheit der Bürger und Bürgerinnen dafür, der Koordinierung der Flüchtlingspolitik und erst recht der Mangel an Solidarität in der Gemeinschaft.

Asyl, das griechischstämmige Wort, bedeutet im Ursprung Heim. Heutzutage bedeutet es Schutz, oft nur vorübergehenden Schutz, und eine Grundsicherung für den Schutzbefohlenen. Nach europäischem Recht erhält Asyl, wer aufgrund von Krieg, politischer, religiöser, ethnischer Zugehörigkeit oder wegen seiner sexuellen Ausrichtung verfolgt wird.

Die Wurzeln der europäischen Asyl- und Flüchtlingspolitik stammen aus der Zeit der Römischen Verträge 1957, als die damalige EG mit dem europäischen Binnenmarkt auch gleiche Regeln in der Flüchtlingspolitik anstrebte. Erstmals als gemeinsame Angelegenheit der Mitgliedsstaaten hat der Vertrag von Maastricht 1992 das Asyl- und Flüchtlingsthema anerkannt. Aber erst 1997, als mit dem Amsterdamer Vertrag die Entscheidungshoheit an die EU abgetreten worden war, wurde es eine Gemeinschaftsangelegenheit. Zumindest für fast alle, denn Dänemark, seit 1973 Mitglied der Union, machte gar nicht mit, Irland und Großbritannien nur teilweise, wie Wikipedia auflistet.

Das Königreich Dänemark mit seinem 5,6 Millionen Einwohnern, geringer Arbeitslosigkeit und einem knapp unter dem EU-Durchschnitt liegenden Ausländeranteil von 6,7 Prozent im Jahr 2013 kündigte allen Horrorgeschichten aus Syrien zum Trotz 2014 eine Verschärfung der Asylgesetze an. Justizministerin Karen Haekkerup von den dänischen Sozialdemokraten urteilte, die Mehrheit der Antragsteller werde in ihrem Herkunftsland nicht individuell verfolgt. Künftig sollen die nicht individuell Verfolgten eine auf ein Jahr befristete Aufenthaltserlaubnis erhalten, die verlängert werden kann. Asyl aber sollen nur individuell verfolgte Menschen erhalten. Eine gute Methode, um es Menschen unmöglich zu machen, sich heimisch zu fühlen und auch nur für ein paar Jahre zu integrieren.

Die Harmonisierung der Asylpolitik in der EU, bei der Kopenhagen sich verweigert, begann im Jahr 2003 und wurde unter dem Begriff Dublin II bekannt. Sie gilt in allen EU-Mitgliedsstaaten sowie in Norwegen, Island und der Schweiz, die sich diesem Umgang mit Asylwerbern freiwillig angeschlossen haben. In der Schweiz, wo sich die Mehrheit der Bürger in einem Referendum im Februar 2014 für eine Einschränkung der Personenfreizügigkeit ausgesprochen hatte – eine Maßnahme, die sich weniger gegen Flüchtlinge als gegen Gastarbeiter gerichtet hatte –, sprach sich übrigens eine deutliche Mehrheit von 74 Prozent bei einer Volksabstimmung Ende November 2014 gegen eine weitere Beschränkung der Zuwanderung aus.

Was gemeinhin unter Dublin II subsummiert wird, heißt eigentlich »Verordnung (EG) Nr. 343/2003 des Rates vom 18. Februar 2003 zur Festlegung der Kriterien und Verfahren zur Bestimmung des Unterzeichnerstaates, der für die Prüfung eines von einem Drittstaatsangehörigen in einem Unterzeichnerstaat gestellten Asylantrags zuständig ist«. Sie ersetzte das Übereinkommen von Dublin und heißt deshalb Dublin II.

Sinn von Dublin II war, sicherzustellen, dass ein Asylwerber innerhalb der EU nur noch einen Asylantrag stellen kann – wiewohl die Akzeptierung oder Ablehnung in den verschiedenen EU-Ländern durchaus unterschiedlich gehandhabt wird. So liegt etwa die Anerkennung von Flüchtlingen aus Pakistan in Frankreich hoch, in Österreich bei nur einem Prozent.

Eine komfortable Regelung für Europas Binnenstaaten – wie Österreich einer ist –, ist Dublin II allemal, sofern die jeweilige Politik dieser Staaten nicht von sich aus anbietet, mehr Flüchtlinge aufzunehmen, als es ohnehin illegal in das jeweilige Land schaffen. Die Binnenstaaten, meinen Zyniker, erreicht ein Flüchtling nur mit dem Fallschirm, ansonsten war er ja immer schon vorher in einem anderen EU-Land.

Mit Dublin II wurden auch Mindeststandards bei der Administrierung der Fälle und der Versorgung der auf ihren Bescheid Wartenden vereinbart. De facto allerdings bedeutet Dublin II eine massive Schlechterstellung jener EU-Mitglieder, die eine Außengrenze haben, vor allem eine maritime Außengrenze.

Menschenrechtsorganisationen, aber auch EU-Politiker wie etwa die stellvertretende Vorsitzende des Menschenrechtsausschusses forderten und fordern die Abschaffung von Dublin II, manche sagen, es sei ohnehin »mausetot«. Unter anderem, weil nach Griechenland wegen der dort herrschenden Zustände in Aufnahmelagern nicht mehr zurückgeschoben wird, selbst wenn evident ist, dass ein Flüchtling als erstes griechischen Boden betreten hat.

Auch der Europäische Gerichtshof entschied 2011, dass nicht mehr nach Griechenland abgeschoben werden darf. Ein afghanischer Flüchtling, den Belgien abschieben wollte, hatte geklagt und recht bekommen. Das Gericht hatte dort »erniedrigende und unmenschliche Behandlung« im Sinne des Artikels 3 der Europäischen Menschenrechtskonvention festgestellt.

Neuerdings gilt die »Verordnung Nr.604/2013 des Europäischen Parlaments und des Rats vom 26. Juli 2013 zur Festlegung der Kriterien und Verfahren zur Bestimmung des Mitgliedsstaats, der für die Prüfung eines von einem Drittstaatsangehörigen oder Staatenlosen in einem Mitgliedstaat gestellten Antrags auf internationalen Schutz zuständig ist«, vulgo Dublin III.

Übersetzt bedeutet das Bürokratendeutsch die Verordnung für einen Asylwerber, dass nach wie vor der Staat, den er als erstes betreten hat, für ihn zuständig ist, selbst wenn er in einem anderen EU-Land Freunde oder Verwandte hätte, die ihn aufnehmen und ihm in der Fremde weiterhelfen könnten. Und dass seit Januar 2014 im EURODAC-System, wo alle Fingerabdrücke Asylsuchender gespeichert sind, zusätzliche Daten gesammelt werden. Weiters sollen die Effizienz von Asylverfahren und die Rechtsgarantien auf alle Flüchtlinge, die um Schutz ansuchen, ausgedehnt werden. Auch weiterhin gilt, dass minderjährige Asylwerber in Haft genommen werden können, entgegen früherer Auffassung des Europaparlaments.

Vor allem aber bedeutet Dublin III, dass »faktisch den südlichen Staaten (insbesondere Malta, Italien, Spanien und Griechenland) eine größere Verpflichtung auferlegt wird als nördlicheren Ländern«, wie Wikipedia analysiert. Und dass »mit den Flüchtlingen Völkerball gespielt wird«, wie Heinz Patzelt, Generalsekretär von Amnesty International Österreich, die

Rückführung von Asylwerbern in das so genannte Erstland bezeichnet, also jenes Land, in dem sie das erste Mal einen Fuß auf EU-europäischen Boden gesetzt haben.

Im Oktober 2014 warb die österreichische Innenministerin Johanna Mikl-Leitner ob der Flüchtlingsflut für ihre Initiative »Save Lives« beim Ministerrat in Luxemburg. Der *Kurier* zitierte sie mit den Worten: »Unser Ziel muss sein, dass schutzbedürftige Menschen gefahrlos nach Europa kommen können.« Sekundiert wurde sie von ihrem deutschen Kollegen Thomas de Maizière, der das Mare-Nostrum-Programm der Italiener als »Brücke nach Europa« verunglimpft hatte, als wäre dieses Menschenrettungsprogramm der Grund für die wachsende Zahl von Flüchtlingen und nicht die Kriegs- und Krisengebiete im näheren Umland Europas.

Als Frau Mikl-Leitner ihr Programm präsentierte, hatte Österreich 2014 knapp 29.000 Asylwerber aufgenommen und die Ministerin musste längst im Inland feststellen, was Mangel an Solidarität bedeutet. Denn nur zwei der neun Bundesländer erfüllten die vereinbarte Quote: Niederösterreich und Wien. Das Burgenland verfehlte die Quote knapp. Die Bundeshauptstadt, die zugleich ein Bundesland ist, brachte um 31 Prozent mehr Immigranten unter, als sie nach dem vereinbarten Schlüssel müsste. Nach einem Landeshauptleute-Gipfel versprachen die Herren Besserung. Nicht zum ersten Mal, es kann folglich lediglich einen Vertrauensvorschuss dafür geben, dass Österreich, eines der reichsten Länder in der EU und auf der Welt, auch nach innen lernt, was gerechte Aufteilung der Lasten bedeutet.

Nach Mikl-Leitners Idee soll das Flüchtlingshilfswerk UNHCR außerhalb der EU die Schutzbedürftigkeit von Bewerbern feststellen. Dann sollen sie nach einem gerechten Schlüssel auf alle EU-Mitgliedsstaaten verteilt werden. »Wir ermöglichen es Schutzbedürftigen, ohne Gefahren auf sich zu nehmen nach

Europa zu kommen. Und wir entziehen Schleppern damit den Nährboden«, meinte die Ministerin.

Nie ventiliert haben die Innenminister hingegen die Forderung von manchen Nichtregierungsorganisationen, die alte Praxis wieder einzuführen, dass Asylwerber an einer europäischen Botschaft in ihrem Heimatland oder dem nächstgelegenen Land, in dem es diplomatische Vertretungen gibt, ihren Antrag stellen können. Damit würde ebenfalls den Menschenschleppern ihr äußerst lukratives Handwerk gelegt. Und die Asylwerber müssten nicht mitunter jahrelange, oft lebensgefährliche Strapazen und Irrfahrten auf sich nehmen, um dann einen Zaun an Europas Grenze zu überklettern oder in ein Boot oder einen Lastwagen zu steigen, um ins »Paradies« Europa zu gelangen.

Libyen, die offene Flanke

Kritisiert wird von vielen NGOs die Flüchtlingspolitik der EU als Ganzes. Sie sei weniger ein Schutz für Flüchtlinge, sondern vielmehr ein Schutz vor Flüchtlingen.

Auch der Hohe Flüchtlingskommissar der UNO hat sich mehrfach besorgt über den Umgang der EU mit Flüchtlingen geäußert. Amnesty International, die Caritas und andere namhafte Hilfsorganisationen fordern seit Jahren eine grundlegende Wende in der EU-Flüchtlingspolitik. Im Fokus der Kritik stehen Verträge von EU-Mitgliedern mit Drittstaaten, die dazu dienen, die Zahl der nach Europa gelangenden Asylwerber zu senken.

Berühmt-berüchtigt war der einschlägige Vertrag der EU mit dem libyschen Diktator Gaddafi. In seinem Museum in Tripolis am damaligen »Grünen Platz«, dem postrevolutionären »Platz der Märtyrer«, war nicht nur des Wüstensohnes erster VW-Käfer ausgestellt, sondern auch mehrere Fotos von Gaddafis »gutem Freund« Silvio Berlusconi. Bruno Kreisky, der den Oberst mit dem Nimbus des »gefährlichsten Mannes der Welt« 1982 durch einen Empfang in Wien erst international salonfähig gemacht hatte, war nicht einmal ein kleines Porträtbild vergönnt.

Aber fast wie auf einem Altar zierte der Medienmagnat und Politclown Berlusconi ganze Wände im Oberstock des Museums in Tripolis. In der Mitte stand ein Tisch mit güldener Umrahmung. »Auf diesem Tisch ist der Vertrag von Freundschaft, Partnerschaft und Zusammenarbeit vereinbart und unterzeichnet worden zwischen der großen libyschen arabischen sozialistischen Volksrepublik und der Republik Italien, von mutigen Männern (Muammar Gaddafi) und dem italienischen Premierminister (Berlusconi), und mit dieser historischen Übereinkunft, in der das italienische Volk seine Entschuldigungen dafür, was der italienische Regent und das faschistische Italien dem libyschen Volk während des italienischen Kolonialismus in Libyen antaten, ausdrückt, und so ist eine Seite umgeblättert worden und eine Tür zur Zukunft in Freundschaft, Kooperation und Partnerschaft geöffnet.« So holprig der Text, so verlässlich waren Gaddafis Gaslieferungen nach Italien und seine Sicherheitsorgane beim Aufgreifen von afrikanischen Fluchtwilligen an der Küste Libyens.

Zur Feier des zweiten Jahrestags obigen Freundschaftsabkommens im September 2010 war der bizarre Libyer nach Rom gereist und hatte mindestens fünf Milliarden Euro jährlich von der EU für seinen Europa vorgelagerten Grenzschutz gefordert. Schließlich sei sein Land das Eingangstor der »unerwünschten Immigration«, die er an seinen Stränden stoppe. Es liege an Europa, seiner monetären Forderung nachzukommen, »sonst kann es schon morgen zu einem zweiten Afrika werden«.

Freund Berlusconi sekundierte dem Revolutionsführer. »Dank dieses Abkommens hat Italien das Problem der illegalen Einwanderung von Afrika nach Europa lösen können«, zitierten italienische Zeitungen ihren Regierungschef. Und Außenminister Franco Frattini teilte mit, dass 2010 dreißig Mal weniger Migranten über das Meer nach Italien gekommen waren als davor. Genau das war der Grund der massiven Kritik an dieser Kooperation, eigentlich Kollaboration mit dem brutalen Diktator. Denn welche Brachialmethoden das libysche Regime anwandte, um diese Völkerwanderung an seinem Gestade aufzuhalten, interessierte die EU-Granden nicht, sondern nur ein paar NGO-Vertreter.

Die Idee, die Immigrationswilligen bereits in Afrika aufzuhalten, ist so alt wie das Jahrtausend. Seit 2003 gibt es in Nordafrika Lager, die mit EU-Geld errichtet wurden. Die rechtliche Verantwortung für die menschenunwürdigen Zustände in diesen Lagern trägt Brüssel nicht. Und scheinbar dadurch auch nicht die Verantwortung für Folter und Vergewaltigung sowie Rückschiebungen von Asylwerbern in Länder, in denen ihnen der Tod droht. Der moralischen Verantwortung kann sich die EU durch juristische Konstruktionen und Überantwortung der Leitung der Lager an Dritte jedoch nicht entziehen.

Im selben Jahr 2003 hatte der britische Premier Tony Blair ob der stetig steigenden Zahl an Asylwerbern in Großbritannien eine »neue Vision für Flüchtlinge« präsentiert. Die zwei zentralen Punkte des Sozialdemokraten waren Aufnahmelager außerhalb der EU und militärische Intervention in Krisengebieten rund um Europa. Dass genau diese militärischen Abenteuer in Arabien und Nordafrika Millionen Menschen erst zu Vertriebenen machen würden, ahnte Herr Blair, begeisterter Alliierter an der Seite des US-Präsidenten George W. Bush bei der Invasion im Irak, damals offensichtlich nicht.

Im Jahr 2004 beschlossen die EU-Innenminister die Errichtung von fünf Lagern in Nordafrika. Und Italien finanzierte mehr als ein Dutzend Anhaltelager in Tunesien. Deutschlands sozialdemokratischer Innenminister Otto Schily fand für die EU-finanzierte Abwehr von »illegalen Einwanderern« vor EU-Korrespondenten folgende zynischen Worte: »Wenn wir die Menschen davon abhalten wollen, sich auf Booten in Gefahr zu bringen, dann brauchen wir ein EU-Office in Afrika.« Dort sollen die wandernden Afrikaner auf dem Weg auf den alten Kontinent »angehalten« werden. Juristisch schwebte dem ehemaligen Anwalt Schily eine Art Asylverfahren light vor. »Wenn man außerhalb der EU eine Behörde macht, müssen Asylwerber nicht zu Gericht gehen können wie etwa in Deutschland«, ließ er sich zitieren.

Das UNHCR allerdings forderte und fordert: keine Flüchtlingslager in Nordafrika! Der UN-Direktor für Flüchtlinge, Volker Türk, hält von Asylverfahren in Afrika nichts. Die Flüchtlinge, die nach Europa drängen, seien »händelbar. Das wird manchmal überdramatisiert. Europas Belastung ist nichts im Vergleich mit den Nachbarregionen.«

Türk listete auf *ffm-online,* dem Magazin der Forschungsgesellschaft für Flucht und Migration, im Juni 2014 auf, dass seit Beginn des Bürgerkriegs in Syrien im Frühjahr 2011 in den Industrieländern knapp 96.000 Asylgesuche von Syrern gestellt wurden. Die große Mehrzahl der 2,8 Millionen registrierten syrischen Flüchtlinge halte sich in den Nachbarländern des Kriegsgebiets auf. Insgesamt plädiert Türk für »legale Möglichkeiten der Einreise von Flüchtlingen in die EU ... Von so genannten Holding Centers halten wir nichts. Das ist für uns keine Alternative, um die Herausforderungen der Fluchtbewegung zu bewältigen.«

Die Politik allerdings tickt anders. Rom schickte zu Gaddafis Zeiten Geld nach Libyen, um Lager aufzubauen und vorhandene zu renovieren. Aber nicht nur das. Laut der *World Socialist Web Site* lieferte Berlusconis Italien auch 100 Schlauchboote, drei Reisebusse, sechs Geländewagen, Nachtsichtgeräte, Unterwasserkameras, 12.000 Wolldecken, 6000 Matratzen – und 1000 Leichensäcke. Offenbar wurden Kollateralschäden durch Libyens Umgang mit menschlichen Wesen wohlwollend in Kauf genommen.

Wie grausam und menschenverachtend die Zustände speziell in den libyschen Lagern waren, war kein Geheimnis, interessierte in Brüssel aber niemanden. 2007 visitierte eine Abordnung der EU-Grenzschutzagentur Frontex einige Flüchtlingslager und dokumentierte massive Menschenrechtsverletzungen. In Gaddafis Reich verfrachtet wurden danach aber nicht Betten, Hygienematerial und Medikamente, sondern Ausrüstung zur besseren Kontrolle der 4000 Kilometer quer durch die Sahara verlaufenden Landesgrenze.

Der *Deutschlandfunk* berichtete einmal über den »Schulterschluss« insbesondere von Italien mit dem südlichen Nachbarn auf der anderen Seite des Mittelmeeres und zitierte eine Mitarbeiterin des deutschen Flüchtlingsrats, die sich in Libyen umgesehen hatte. Es sei »für Flüchtlinge der Alptraum schlechthin. Von ganz Afrika bleibt eigentlich nur Libyen, um nach Europa zu kommen. Die Flüchtlinge werden dort inhaftiert. Besonders Eritreer als potenzielle Asylwerber wurden zurückgeschoben und landeten dann in Lagern. Die Menschenrechtssituation ist untragbar.«

Nach dem pompösen und schlagzeilenträchtigen Treffen Gaddafis mit Berlusconi in Rom zum zweiten Jahrestag ihres Abkommens dauerte es keine fünf Monate, da waren Gaddafi und der Freundschaftsvertrag Geschichte und Libyen wurde zum No-Go für westliche Diplomaten und Geschäftsleute und nicht zur Demokratie, wie sich das die militärischen Interventionisten in Europa, allen voran der damalige französische Präsident Nicolas Sarkozy, erträumt haben mögen.

Schätzungen zufolge warteten im Frühjahr 2014 bis zu 800.000 Menschen in Nordafrika auf eine Gelegenheit, über das Mittelmeer nach Europa zu gelangen. So lautete zumindest die Warnung von Giovanni Pinto, dem Generaldirektor für den italienischen Grenzschutz, in einer Rede vor dem Senat in Rom. Besonders dramatisch sei die Lage im fraktionierten und wirtschaftlich ruinierten Libyen, das einmal das reichste Land Nordafrikas war. »Dort gibt es keine Regierung, keinen Premier, keine Minister, sondern nur zwei Clans, die das Gebiet kontrollieren. Wir können mit keiner Regierung verhandeln, uns fehlt der Gesprächspartner«, umriss Pinto die Lage beim Nachbarn auf der anderen Seite des Meeres und damit das Aus des Traums, die Menschenmassen außerhalb Europas und außerhalb der Wahrnehmung der Europäer auf ihrem Marsch in den Norden aufzuhalten.

Die Zustände für Schwarzafrikaner, die es nach Europa schaffen wollen, haben sich durch den Sturz des Diktators in Tripolis nicht verbessert. Der tunesische Menschenrechtler Messaoud Romdhani, der Libyen 2012 besucht hatte, berichtete gegenüber der deutschen AG Friedensforschung von schaurigen Bedingungen in den Lagern. »Es wird nicht zwischen Migranten und Kriegsflüchtlingen oder Asylsuchenden unterschieden. Die hygienischen Bedingungen sind katastrophal, die Lager sind überfüllt. Wir haben Zellen gesehen, in die 60 Menschen gesperrt waren. Der Boden ist restlos bedeckt mit Matratzen, man kann sich nicht bewegen. Es herrscht fürchterliche Hitze, die Gefangenen werden krank, müssen sich übergeben. In manchen Fällen werden Kranke, Kinder, Frauen – darunter Schwangere – mit in diese Zellen gesperrt. Aus Berichten wissen wir von Folter und Misshandlung.« In dem Land, das droht, zu einem zweiten Somalia zu werden, hätten Paramilitärs, die gegen Gaddafi gekämpft hatten, rundheraus gesagt, dass sie das Land von den »Illegalen« säubern wollten.

Auch Human Rights Watch stellte im Sommer 2014 »massive Überbelegung« und katastrophale sanitäre Zustände fest. Fas drei Viertel der befragten Inhaftierten hätten angegeben, misshandelt und gefoltert worden zu sein. Eingesetzt würden von den Mitarbeitern des libyschen Innenministeriums, dem die Lager unterstehen, Fäuste, Peitschen, Elektroschocker. Besonders Frauen würden unter unwürdigen Leibesvisitationen durch die Wachen leiden und berichteten von Vergewaltigungen. Human Rights Watch sprach von einer »Kultur der völligen Straflosigkeit für die Misshandlungen«.

Amnesty International berichtete, dass sich die Lage für nicht registrierte Ausländer seit dem Ende des Gaddafi-Regimes noch verschlechtert habe. Das gleiche stellte das UNO-Flüchtlingshilfswerk UNHCR fest.

Nicht zuletzt durch den im Westen von wohlmeinenden, aber die Macht- und Clanstrukturen nicht kennenden Demokraten so akklamierten Sturz des früheren Revolutionsführers Gaddafi und das danach folgende Machtvakuum hat sich die Abwanderung von Afrikanern nach Europa zu einer Massenbewegung gigantischen Ausmaßes entwickelt. Libyen, früher Arbeitgeber für Millionen Gastarbeiter aus dem weit ärmeren Umland wie Ägypten und schwarzafrikanischen Staaten, gilt längst als so genannter gescheiterter Staat, hatte im Herbst 2014 zwei Regierungen mit entsprechenden Milizen, und Beobachter rechneten mit einem Bürgerkrieg in dem Land mit der langen Küste genau gegenüber von Lampedusa.

Die »Verwaltung« der Flüchtlinge

Dass der Ansturm der Menschen durch Sicherheitsmaßnahmen im Wasser und in der Luft sowie martialischen Grenzschutz zwar reduzierbar, aber nicht aufhaltbar ist, belegen die Asylwerberzahlen in Deutschland. Sie haben sich seit 2007 versiebenfacht und Kanzlerin Angela Merkel merkte an, dass »wir dann, wenn Menschen bei uns sind, menschlich zu ihnen sein müssen«. Gehört wurde sie nicht von allen, 86 Anschläge auf Asylwerberheime verzeichneten die Behörden von Januar bis November 2014 – mehr als doppelt so viele wie im gleichen Zeitraum des Jahres davor.

Mitte Oktober 2014 musste Bayern die ersten Flüchtlinge in ausrangierten Oktoberfest-Zelten unterbringen, was der nicht zwingend selbstkritische Ministerpräsident Horst Seehofer (CSU) als Fehler bezeichnete und wofür er sich mehr oder weniger entschuldigte. Denn lange hatte die Politik Flüchtlingszeltstädte als »katastrophales Signal« gewertet. Doch nachdem die Erstaufnahmestelle in München sowie eine alte Fahrzeughalle überbelegt waren, der Ansturm von Menschen aus den lebensgefährlichen Ländern Syrien und Irak aber nicht nachließ, mussten die bayerischen Behörden ihr Prinzip, Menschen nicht unwürdig in Zeltstädte zu stopfen, über Bord werfen. Die Sozialministerin des Freistaats, Emilia Müller, ließ wissen, dass »der Zustrom all das übersteigt, was wir an Prognosen haben«.

Die Mitteilung der Politikerin ließ den durchschnittlichen Medienkonsumenten mit einem Kopfschütteln zurück. Denn jede und jeder Interessierte wusste, dass der Exodus aus den von der Terrorgruppe »Islamischer Staat« und den Schergen des Diktators Assad gepeinigten arabischen Staaten nicht nur nicht kleiner, sondern täglich größer wurde. Auf Basis welcher alten oder falschen Prognosen sich der Freistaat Bayern da vor einem Asylwerberansturm in Sicherheit gewiegt hat, entzieht sich der Vorstellung des Normalbürgers.

Auch die anderen Hauptaufnahmeländer Italien, Schweden, Großbritannien und Frankreich kämpfen mit der Verwaltung des Menschenansturms. Und mit dem Massenansturm selbst. Calais im Norden Frankreichs ist ein solcher Hotspot. Dort lagerten im Herbst 2014 mehr als tausend Asylwerber auf Parkbänken und in den Gassen herum, längst ignoriert von den Bürgern von Calais, und träumten von ihrem so nahen Ziel, dem nur 33 Kilometer entfernten England. Davor allerdings gilt es, einen Zaun am Straßenrand zu überwinden und auf einen der Lastwagen zu springen, die sich auf der Fähre nach Dover einschiffen.

Sie wissen vermutlich nicht, dass britische Boulevardmedien oft darüber schimpfen, dass Großbritannien sich zum Paradies für Asylwerber entwickelt habe. Dabei rangiert das Land gemessen an der Zahl der Asylanträge nur auf Rang vier in der EU – weit hinter Deutschland, Frankreich und Schweden. Pro Jahr werden zwischen 20.000 und 25.000 Asylanträge gestellt. Die Ablehnungsquote betrug zuletzt 62 Prozent.

Die meisten Asylwerber kommen aus Pakistan, gefolgt von Iran, Sri Lanka und Syrien. Sie dürfen in Großbritannien nicht arbeiten, sondern sind auf den Staat angewiesen. Sie bekommen eine möblierte Unterkunft gestellt, in der Regel handelt es sich um schwer vermietbare Sozialwohnungen. Wegen des Wohnungsmangels werden Asylwerber grundsätzlich nicht in London und nur selten im dichtbesiedelten Südosten Englands untergebracht. Stattdessen werden sie auf den Rest der Insel verteilt. Für den Lebensunterhalt gibt es 36,62 Pfund Bargeld pro Person pro Woche. Der Zugang zum Gesundheitssystem ist kostenlos.

Über den Asylantrag wird innerhalb von sechs Monaten entschieden. In dieser Zeit müssen die Bewerber an der ihnen zugewiesenen Adresse wohnen und jederzeit den Behörden zur Verfügung stehen. Rund ein Zehntel aller Bewerber kommt in das so genannte Fast-Track-Verfahren: Wenn bei der Antragstellung festgestellt wird, dass der Fall nicht kompliziert ist, wird der Bewerber direkt in ein Auffanglager eingewiesen. Am zweiten Tag findet das Interview statt, am dritten Tag wird entschieden. Schon nach wenigen Tagen kann der Bewerber abgeschoben werden.

Nach einer »Asylkrise« im Jahr 2006, als die Regierung auf 450.000 unbearbeiteten Anträgen saß, wurde das Thema zur Chefsache. Seither haben die Behörden den Prozess wieder unter Kontrolle. Dennoch wird in den britischen Medien regelmäßig der Eindruck erweckt, es gebe eine Asylwerberschwemme. Laut einer Studie der Glasgow University werden Flüchtlinge in der Presse meist als »illegale Immigranten« bezeichnet. In den meisten Artikeln gehe es darum, wie man sie nicht ins Land lassen oder abschieben könnte.

Die weite Reise von Eritrea nach Calais

Nicht wenige dieser Heilssuchenden, die in Calais einen Schleichweg nach Großbritannien suchen, stammen aus Eritrea am Horn von Afrika, einem Land, das im deutschen Sprachraum selbst in Qualitätsmedien nahezu nie vorkommt. Unter Kennern galt es nach seiner Abspaltung von Äthiopien im Jahr 1993 erst als Hoffnungsort in Afrika und wird jetzt das »Nordkorea Afrikas« genannt, von der Welt isoliert und mit eiserner Hand regiert. Und bettelarm obendrein. Seit der Unabhängigkeit hat die Regierung in Asmara, wo selbst Diplomaten kämpfen, das Nötigste zum Leben aufzutreiben, geschweige denn, eine konstante Stromversorgung zustande zu kriegen, laut Amnesty International mindestens 10.000 der

6,3 Millionen Einwohner ins Gefängnis gesteckt, die meisten davon aus politischen Gründen.

»Ein furchtbarer Ort war mein Gefängnis«, berichtete ein Opfer der Diktatur in einer der so raren Reportagen aus Eritrea, gemacht von der ARD. »Wir wurden in zwei Löchern gehalten, die mit einem Deckel verschlossen waren.« Sanitäranlagen gab es nicht, Platz für die Gefangenen auch nicht. Aber Myriaden von Fliegen. Wer über die Grenze fliehen wolle, gelte als Deserteur und könne sofort erschossen werden, sagte der ehemalige Gefangene.

Das besonders Wahnsinnige an dieser Politik: Rund ein Drittel der Wirtschaftsleistung Eritreas wird von jenen Flüchtlingen erbracht, die es in wohlhabendere Staaten geschafft haben und die Eritrea als Verbrecher behandelt. Sie nämlich schicken ihren Verwandten Geld, damit die daheim Gebliebenen irgendwie überleben können. Wie überhaupt Emigranten das Budget ihrer armen Ursprungsstaaten enorm aufbessern, vom Kosovo über Bosnien und Serbien bis zum Irak und von Afghanistan eben bis Eritrea. Allein schon das viele Geld, das diese Menschen nach Hause schicken, müsste jeden vernunftbegabten Europäer davon abhalten, Asylwerbern vorzuschreiben, sie sollten doch ihre ramponierten Staaten wieder aufbauen. Denn ohne Geld und Material lässt sich nicht einmal eine Hundehütte reparieren, geschweige denn lassen sich ganze Städte wieder aufbauen, die in Schutt und Asche liegen.

Im Herbst 2014 zeichnete der *Standard* die Route zweier Eritreer nach, einer 43 Jahre alt, der andere 17, die es nach England schaffen wollten. Die beiden seien durch den Sudan und durch die Sahara gegangen, um in London Asyl zu beantragen. Denn dort erhalte man eine Ausbildung und Arbeit, glaubten sie. In Calais lebten sie auf einem ehemaligen Fußballfeld, wuschen sich in einem nahen Kanal, aus dem

»manchmal Wasser, manchmal eine stinkende, giftige Brühe aus einer Farbenfabrik rinnt«. Aber ganz ohne Minimalhygiene gehe es eben nicht, denn sonst bekäme man die Krätze.

Am Rande des Feldes ein paar Zelte von »Médecins du Monde« und zum Meer hin bewachsene Sanddünen, die von der Nationalstraße N216 unterbrochen werden, welche zum Fährhafen führt. Bei den Kreisverkehren müssten die Lastwagen bremsen. »Und wir warten dort hinter den Büschen, um aufzuspringen.«

Die Fahrer der Laster würden sich immer besser gegen die blinden Passagiere wappnen, denn sie zahlten mehr als tausend Pfund Strafe, wenn sie in Dover mit Illegalen an Bord erwischt würden. Also installieren sie Kameras und hätten Schlagstöcke dabei, schrieb der *Standard*.

Die beiden Flüchtlinge aus Eritrea interessierten sich nicht für die Neuigkeit, dass die konservative Bürgermeisterin von Calais ein Büro des UN-Flüchtlingshochkommissariats in die Stadt gelockt habe, sondern für das Wetter. Ist es des Nachts bewölkt, hätten sie bessere Chancen, einen Lkw zu erklimmen, erzählten die beiden Männer, die schon mehrmals gescheitert waren bei ihrem Sprung in das vermeintliche Paradies England.

Zuletzt gaben sich die Fremden in Calais nicht mehr mit Einzelversuchen zufrieden, einen Lastwagen zu entern. In Gruppen von 200, 300, mitunter sogar 500 versuchten junge Männer aus Afrika und den arabischen Kriegsländern, die Lastwagenkolonnen zu stürmen, die zur Fähre nach England unterwegs sind. Ein französischer Polizeigewerkschafter beschrieb einem Fernsehsender gegenüber die Situation der Flüchtlinge so: Die hätten am Ende ihrer Reise meist kein Geld mehr für Schlepper. Also nehmen sie ihre letzte Kraft zusammen und rennen in Gruppen los. Großbritannien habe versprochen, Zäune zu errichten – pikanterweise die Zäune, die von einem NATO-Gipfel übrig geblieben waren. »Aber ich frage mich, ob wir nicht ganz Calais umzäunen müssten, um das Problem zu lösen«, meinte der Polizeivertreter.

Dabei war die Seegrenze Calais – Dover lange Jahre die bestbewachte innerhalb der EU. Hunde, Herzschlagdetektoren, Lkw-Röntgengeräte und Atemluftscanner, listete das Hamburger Wochenmagazin *Die Zeit* auf, unterstützen die Grenzschützer am Ärmelkanal bei ihrer Suche nach versteckten Menschen, die postwendend zurückgeschickt werden nach Frankreich. Und von dort zurück in das Land, das sie als erstes betreten haben, sofern sie nicht das zweifelhafte Glück hatten, dass dieses Land Griechenland hieß.

Die päpstliche Mahnung

Im Herbst 2014 war Papst Franziskus im EU-Parlament in Straßburg geladen. Der kirchliche Würdenträger las den gewählten Abgeordneten in vielerlei Hinsicht höflich, aber bestimmt, die Leviten. Zur Flüchtlingsfrage sagte er, es sei »notwendig, gemeinsam das Migrationsproblem anzugehen. Man kann nicht hinnehmen, dass das Mittelmeer zu einem großen Friedhof wird. Auf den Kähnen, die täglich an den europäischen Küsten landen, sind Männer und Frauen, die Aufnahme und Hilfe brauchen. Das Fehlen gegenseitiger Unterstützung innerhalb der Europäischen Union läuft Gefahr, partikularistische Lösungen des Problems anzuregen, welche die Menschenwürde der Einwanderer nicht berücksichtigen und Sklavenarbeit sowie ständige soziale Spannungen begünstigen ... Von mehreren Seiten aus gewinnt man den Gesamteindruck der Müdigkeit, der Alterung, die Impression eines Europa, das Großmutter und nicht mehr fruchtbar und lebendig ist. Demnach scheinen die großen Ideale, die Europa inspirierten,

ihre Anziehungskraft verloren zu haben zugunsten von bürokratischen Verwaltungsapparaten seiner Institutionen.« Der
Kontinent gebe das Bild ab »eines etwas gealterten und
erdrückten Europas«, mitunter misstrauisch und manchmal
sogar argwöhnisch.

Der Vertreter des christlichen Gottes auf Erden erhielt fre-
netischen Applaus. Von Ideen zur Änderung der zerfledderten
EU-Abwehrpolitik gegen den Menschenstrom aus der Fremde
wurde indes nichts bekannt.

Der dornige Weg durch die Asyl-Bürokratie

»Aber jeder erbärmliche Tropf, der nichts in der Welt hat, darauf er stolz sein könnte, ergreift das letzte Mittel, auf die Nation, der er gerade angehört, stolz zu sein. Hieran erholt er sich und ist nun dankbarlich bereit, alle Fehler und Torheiten, die ihr eigen sind, mit Händen und Füßen zu verteidigen.«
Arthur Schopenhauer

Die große Tragödie von Lampedusa hatte gerade erst die deutschsprachige Welt erreicht. Es waren noch nicht einmal alle Ertrunkenen, vom Säugling bis zum kräftigen jungen Mann, aus dem Wasser gefischt und die Zahl der Opfer noch gar nicht bekannt, tauchte auf Facebook bereits folgendes Posting auf: »Wir können doch nicht alle nehmen!« Geschrieben von einem wohlhabenden, weit gereisten Herrn und sofort akklamiert von weiteren durchwegs finanziell ausreichend potenten Männern mit guter Schulbildung und aus gutbürgerlichem Milieu.

Mitgefühl mit jenen Menschen, die aus den brutalsten und verheerten Gegenden der Erde fliehen mussten und gerade noch überlebt haben, oder mit den Anverwandten derer, die es nicht geschafft haben und deren Fotos rund um die Welt gingen, suchte man in den Ausführungen der Herrschaften vergeblich.

Wie in einer angstbesetzten Art Täter-Opfer-Umkehr retteten sich diese Facebook-Poster in zahllose scheinelaborierte
Überlegungen, wie man sich und sein bisher gekanntes Leben
gegen den schier unbewältigbaren Ansturm menschlicher Leiber schützen könnte. Und was nicht alles zu tun sei, um die
Menschenflut von Europa abzuhalten. Woher bloß diese Angst
herrührt, just bei Menschen, die nie und nimmer Sorge haben
müssten, irgendjemand könnte ihnen etwas wegessen und sie
der Armut ausliefern?

Wohl ist es eine Tatsache, dass mehr als 56 Millionen Menschen auf der Flucht sind. So viele wie niemals zuvor. Allerdings kommen die allerwenigsten in die deutschsprachigen
Länder, wie die Zahlen der Innenministerien von Deutschland, Österreich und der Schweiz belegen.

In Österreich verzeichneten die Behörden im Jahr 2013,
also im Jahr der schlagzeilenträchtigsten Flüchtlingskatast-
rophe vor Lampedusa im Mittelmeer, lediglich einen 0,5-pro-
zentigen Anstieg an Asylwerbern. In Zahlen: 90 Ansuchen
mehr als im Jahr davor – trotz der vielen Krisenherde im relativ nahen Umfeld.

Insgesamt suchten damals 17.503 Personen um Asyl an. Die
meisten Anträge kamen von Bürgern mit russischer Staatsbürgerschaft, erst auf Platz drei befanden sich Syrer, in deren
Ursprungsland der Krieg bereits das dritte Jahr wütete. Und
Afrikaner waren überhaupt unter ferner liefen.

Das rund zehn Mal so bevölkerungsreiche Deutschland verzeichnete im gleichen Zeitraum einen Anstieg um 49.041 bei
insgesamt 126.705 Anträgen. Hauptherkunftsländer: Russ-
land, Syrien, Somalia, Eritrea sowie Serbien und Mazedonien.

Ein Herr M. äußerte sich nach der Katastrophe von Lampedusa viel perfider als oben zitierte Laien-Abwehrexperten.
Dieser Herr M. schrieb: »Man darf hier nicht vergessen, dass
sich diese Scheinasylanten, fast nur Muslime, freiwillig Ge-

fahren aussetzen, um an die europäischen Sozialsysteme zu kommen. Die offiziellen Zahlen sprechen da für sich mit der peinlich mickrigen Anerkennungsquote. Offenbar haben einige der Scheinasylanten auch ein schlechtes Gewissen, weil sie in ihrem Heimatland nicht beim Aufbau der Wirtschaft mithalfen und weil sie sich nicht für die Freiheit und für Recht und Ordnung vor Ort eingesetzt haben, sondern sich lieber in die europäischen Sozialsysteme setzen.«

Scheinasylant ist eine von Protagonisten der FPÖ mit dem beständigen Ausländer-raus-Unterton häufig verwendete Pauschalverurteilung von Asylwerbern. Sie ist ohne rechtliche Grundlage, wie überhaupt in der Debatte über Migration die sprachliche Präzision der Gegner der Aufnahme von Fremden oft zu wünschen übrig lässt. Ebenso die Kenntnis der Gesetzeslage, der österreichischen, der europäischen und der Menschenrechtskonvention, die Österreich unterzeichnet hat.

Einen besonderen Ausreißer leistete sich der Landeschef der niederösterreichischen FPÖ, Christian Höbart. Er bezeichnete auf Facebook Asylwerber als »Höhlenbewohner« und Zuwanderer als »Ziegenhirten«. Der Generalsekretär dieser Partei, Herbert Kickl, nannte die Formulierungen zwar »sicherlich überspitzt«, einen Rücktritt des Herrn mit der menschenverachtenden sprachlichen Entgleisung lehnte er jedoch ab.

Der Bundeschef der zuwandererfeindlichen Partei hatte im Oktober 2014 in einer Asyl-Debatte im TV-Sender *PULS 4* überhaupt von 1,3 Millionen Flüchtlingen in Österreich gesprochen. »Verkaufen S' die Österreicher doch nicht für dumm! Wir haben in Österreich neun Millionen Menschen. 1,3 Millionen sind Flüchtlinge!«, lautete das Zitat des Heinz-Christian Strache.

An diesen Zahlen stimmt gar nichts, beginnend mit der Einwohnerzahl des Landes, in dem Strache eine große politische Rolle anstrebt. Die lag bei 8,5 Millionen.

Zu diesem Zeitpunkt, rechnete Martin Strecha-Derkics, Mitglied des Cabaret-Duos Gebrüder Moped, im *Standard* minutiös nach, lebten 55.598 anerkannte Flüchtlinge im Land, weiters rund 23.000 Asylwerber. »Selbst wenn man diese beiden Gruppen zusammenzählt, könnte nicht einmal jeder der 80.000 einheimischen Millionäre einen Flüchtling bei sich zu Hause aufnehmen. ... Aber heuer ist die Lawine erst angerollt – das wird's sein! Telefonjoker: Insgesamt 8395 Asylanträge im ersten Halbjahr 2014. Das sind exakt 155 mehr als im gleichen Zeitraum des Vorjahres.«

1,3 Millionen Flüchtlinge seien es gewesen, die Österreich seit den 1950er-Jahren aufnahm, ruderte der FPÖ-Chef nach dem öffentlich zu sehenden Fauxpas zurück. Auch das eine unrichtige Zahl. Laut UN-Füchtlingshochkommissariat UNHCR seien seit 1945 mehr als zwei Millionen Menschen in Österreich aufgenommen worden, von denen aber weniger als 700.000 geblieben seien.

Der Kabarettist von Gebrüder Moped schloss seinen Kommentar mit den Worten: »Wir haben nichts gegen FPÖ-Funktionäre (das andere Geschlechtsteil ist mitgemeint), solange sie sich integrieren, sie Deutsch können, sich an die Gesetze halten – und die Österreicher nicht für dumm verkaufen.« Das »andere Geschlechtsteil« ist eine wörtliche Aussage des FPÖ-Führers. Gemeint hatte er damit das andere als das männliche Geschlecht, also das weibliche.

Eine kleine Minderheit im Land vermag sich über solche Sprachunsicherheiten eines Politikers, der dauernd fordert, die Ausländer müssten Deutsch lernen, und ein solches Kabarettisten-Contra gegen den Populisten königlich zu amüsieren. Bei der großen Minderheit, vielleicht sogar der Mehrheit, verfangen aber vollkommen falsche, ob aus Ahnungslosigkeit oder Perfidie verwendete Zahlen und nicht die Berechnung der Gebrüder Moped, wonach »wenn alle in Österreich Asyl

Suchenden ins Ernst-Happel-Stadion gehen, noch 30.000 andere Menschen Platz haben!« Nachsatz: »Hilfe, wir werden überschwemmt!«

Herr Strache versuchte sich in der Causa »Fremde« auch mit einer Doppelbotschaft. Am 25. November 2014 stellte er folgende Zeichnung auf Facebook: eine Hand, die eine rotes Schild hochhält, auf dem zu lesen steht: »Vorübergehendes Asyl für politisch Verfolgte und Kriegsflüchtlinge – ja! Unkontrollierte Zuwanderung und Sozialtourismus – nein!« Seine Klientel versteht mit Sicherheit den zweiten Teil der Botschaft. Der erste geht in nationaler Aufwallung leicht unter, ganz abgesehen davon, dass sich die Frage nach dem »Vorübergehenden« bei Asyl nicht immer stellt.

Wobei anzumerken ist, dass es selbstverständlich Asylwerber gibt, die der Staat nicht für asylwürdig anerkennt. Daher klaffen die Zahlen an Antragstellern und anerkannten Flüchtlingen zum Teil deutlich auseinander. Aber selbst dieser Umstand ist kein ausreichender Beweis dafür, dass sich nahezu alle angeblich Asyl widerrechtlich erschleichen wollen. Denn nicht wenige werden im ersten Verfahren abgewiesen, oft mit haarsträubenden Begründungen und auf Basis von eigentlich inakzeptablen Übersetzungen dessen, was Antragsteller in ihren Interviews angaben. Mitunter werden diese Menschen, nachdem sie mittels guter Anwaltschaft auf ihr Recht pochen, sehr wohl als asylwürdig oder als subsidiär schutzbedürftig akzeptiert. Die Berichte über schlechte Übersetzer, nicht altersgerechte Verfahren bei so genannten unbegleiteten Minderjährigen und seltsame Auslegung der Gesetze sind Legion.

Ein immer wieder erhobener Vorwurf an die österreichischen Behörden ist, dass minderjährige Flüchtlinge mit Absicht oft erst nach Monaten – manchmal erst nach eineinhalb Jahren – zum ersten Mal in der Sache selbst vernommen würden. Der Verdacht liege nahe, dass es sich um eine bewusste

Verzögerung handelt, bis die Asylwerber 18 sind und im Falle einer Anerkennung als Erwachsene ihre Familie nicht mehr nachholen können. Das Innenministerium widerspricht diesem Vorhalt.

Im Vorjahr warteten 1187 Minderjährige auf ihren Asylbescheid. Der *Kurier* besuchte eine Gruppe von ihnen in einer Caritas-Unterkunft in Wien-Penzing. Neun der 15 Jugendlichen hatten in eineinhalb Jahren keinen Kontakt mit der Asylbehörde gehabt. »Noch nie hat jemand mit mir gesprochen«, berichtete ein junger Afghane, der sich zu diesem Zeitpunkt seit 17 Monaten in Österreich aufhielt und bereits fließend Deutsch sprach. Dieser junge Mann konnte sich bei einer Veranstaltung der Caritas im Wiener Volkstheater präsentieren. Dort wurde er aus dem Publikum gefragt, ob er hier wie in Afghanistan Feinde habe. Seine Antwort: »Das Warten ist mein Feind.«

Flüchtling, Asylwerber, Migrant – die Unterschiede

Die wenigsten, die sich lautstark, mitunter bösartig gegen Fremde äußern, wissen überhaupt zwischen einem Flüchtling, einem Asylwerber, einem Migranten und den daraus abgeleiteten Rechtsansprüchen zu unterscheiden. Daher hier zur Begriffsklärung und den jeweiligen juristischen Folgen ein Auszug aus der EU-Infothek:

I Ein Flüchtling ist gemäß der Genfer Konvention von 1951 eine Person, die sich aus wohl begründeter Furcht, aus Gründen der Rasse, Religion, Nationalität, Zugehörigkeit zu einer bestimmten sozialen Gruppe oder der politischen Gesinnung oder sexuellen Neigung verfolgt zu werden, außerhalb ihres Heimatlandes befindet und nicht in der Lage ist, sich des Schutzes dieses Landes zu bedienen, also dorthin zurückzukehren. Laut Artikel 33 Ziffer 1 der Genfer Flüchtlingskonvention darf ein Flüchtling nicht in ein Gebiet aus- oder zurückgewiesen werden, wo ihm derartige Verfolgung droht.

I Ein Wirtschaftsflüchtling, der nur aus wirtschaftlichen Gründen geflohen ist, aber nicht im Sinne der Genfer Konvention verfolgt wird, ist nicht asylwürdig. Wobei Wirtschaftsflüchtling ein Begriff ist, der in der österreichischen Rechtsordnung nicht vorkommt. Diese unterscheidet nur zwischen schutzbedürftig und nicht schutzbedürftig.

I Subsidiär Schutzberechtigte sind im Gegensatz dazu Fremde, deren Asylantrag zwar abgewiesen wurde, deren Leben oder Gesundheit aber in ihren Herkunftsstaaten bedroht ist oder denen dort »unmenschliche oder erniedrigende Behandlung oder Bestrafung«, also eine Verletzung im Grundrecht gemäß der Europäischen Menschenrechtskonvention, droht. Sie sind daher nicht mehr Asylwerber, zugleich keine asylberechtigten Flüchtlinge nach der Genfer Konvention, benötigen aber Schutz vor Zurück- oder Abschiebung in ihren Heimatstaat, weil ihnen in ihrem Herkunftsstaat etwa unmenschliche Bestrafung, untragbare Verhältnisse oder auch willkürliche Gewalt im Rahmen eines internationalen oder innerstaatlichen Konflikts drohen. Wird am Ende zwar nicht Asyl, jedoch der Status des subsidiär Schutzberechtigten zuerkannt, ist dies mit einem befristeten, zweijährlich zu verlängernden Aufenthaltsrecht nebst freiem Zugang zum Arbeitsmarkt verbunden. Der subsidiäre Schutz wird daher in Deutschland auch »kleines Asyl« genannt.

I Migranten sind aus der Sicht ihres Herkunftslandes Auswanderer, aus der Sicht des Aufnahmelandes Zu- oder Einwanderer. Die Umschreibung »Menschen mit Migrationshintergrund« fasst jedoch Migranten und ihre Nachkommen unabhängig von ihrer tatsächlichen Staatsbürgerschaft zusammen.

Darin sehen viele Migranten in Österreich ein großes Problem, wie es in Deutschland weit weniger und in den USA so gut wie gar nicht existiert. Migrant bleibt bei uns Migrant, auch noch in dritter Generation und auch wenn die Person in Österreich geboren, zur Schule gegangen und im Beruf erfolgreich ist.

Absurderweise wird dieser Usus aufrecht erhalten, obwohl längst bekannt ist, dass sich ein Mensch leichter mit dem Staat, in dem er lebt, identifiziert und ein gutes Mitglied der Gesellschaft wird, wenn er sich anerkannt fühlt, sich integrieren kann, was keine Einbahnstraße ist, sondern von beiden Seiten einen Hauch von Wollen verlangt. Und wenn er Chancengleichheit bei gleicher Ausbildung erkennen kann, und nicht Ablehnung allein schon aufgrund eines nicht deutsch klingenden Familien- oder auch nur Vornamens. Und wenn er nicht dauernd auf seine Herkunft oder, noch schlimmer, die seiner Eltern reduziert wird und damit auf ewig Mensch zweiter Klasse bleibt.

Das Asylverfahren

Wie schwierig es überhaupt ist, Asyl zu erhalten, wissen die wenigsten Einheimischen. Wie auch viele glauben, die Asylbehörde würde eine fehlerfrei funktionierende Autorität sein, an deren Entscheidungen es nichts zu rütteln gebe.

Ein eigenes Asylgesetz gibt es in Österreich seit 1968, 17 Jahre nach der Verabschiedung der Genfer Flüchtlingskonvention. Die weiteren Neuerungen (Quelle: Demokratiezentrum Wien):

1991 wird ein neues Asylgesetz beschlossen, das die Aufnahme in Österreich erschwert – wegen der Drittlandklausel. Zugleich wird das »beschleunigte Verfahren« bei »offensichtlich unbegründeten Asylanträgen« eingeführt.

1997 erfolgt die nächste Neuerung, die vorschreibt, dass geprüft werden muss, ob der in Betracht kommende Drittstaat bei einer Zurückschiebung des Asylwerbers die »westlichen Standards« einhält.

1999 stirbt bei einer gewaltsamen Abschiebung der nigerianische Schubhäftling Marcus Omofuma.

2003 beschließt der Ministerrat eine Novelle zum Asylgesetz, die unter anderem vorschreibt, dass der Asylwerber binnen 72 Stunden zu einer Erstaufnahmestelle gebracht wird. Innerhalb von 20 Tagen entscheidet die erste Instanz, ob der Bewerber Chancen auf Asyl hat. Hat er, kommt er in die Bundesbetreuung, hat er nicht, wird er abgeschoben. Das Gesetz wird mit schwarz-blauer Mehrheit beschlossen und tritt 2004 in Kraft. Im selben Jahr werden Teile des Gesetzes vom Verfassungsgerichtshof als verfassungswidrig aufgehoben. Das geänderte Gesetz tritt 2006 in Kraft. Das UN-Flüchtlingshochkommissariat erachtet es in mehreren Punkten als nicht konform mit der Genfer Flüchtlingskonvention, deren Unterzeichnerstaat Österreich ist.

In der Praxis werden Asylwerber »interviewt«, manchmal stunden-, manchmal tagelang, meist nicht von einer Juristin oder einem Juristen, obwohl das Verfahren ja ein juristisch relevantes ist. Und oft im Beisein eines Übersetzers, den man in der Businesswelt nicht beschäftigen würde. Das hat zum einen Kostengründe, denn gerichtlich beeidete Dolmetscher sind teurer als bloß »sprachkundige Personen«, die häufig zu Asylverfahren beigezogen werden. Zum anderen gibt es für einige Herkunftsländer respektive für einige von Asylwerbern gesprochene Sprachen in ganz Österreich gar keine beeideten Dolmetscher.

Abgefragt werden Herkunft, Fluchtgründe und die Route – letztere auch, um in weiterer Folge gegen Schlepperbanden vorgehen zu können. »Der Kernbereich ist, festzustellen, ob jemand asylwürdig ist oder nicht«, erläuterte ein Asylbeamter ohne akademische Bildung in einem ZiB-Magazin. Nachsatz: »Das kann man nicht studieren.«

Mehr als 50.000 Fälle im Jahr bearbeitet die Behörde, das sind statistisch ein bis zwei Fälle pro Asylreferenten und Tag. Also ein bis zwei Mal täglich eine Entscheidung über das Schicksal, vielleicht sogar über Leben und Tod eines Menschen, dessen Vergangenheit in dieser kurzen Zeit – die Hälfte der Interviewdauer geht ja für das Übersetzen verloren – von Personen beurteilt wird, die nicht zwingend Juristen sind, aber auch nicht Politikwissenschaftler oder sonstige Experten für Afghanistan, Tschetschenien, Somalia, Syrien und andere Weltgegenden, die schon Leute kaum durchschauen, die sich berufsbedingt täglich mit diesen volatilen Regionen auseinandersetzen.

In mehr als einem Drittel der Fälle wird Asyl gewährt. Den Abgewiesenen steht anschließend der Gang zum Bundesverwaltungsgericht offen. Und nicht wenige gehen ihn, damit sie doch noch zu ihrem Recht kommen. Die Beschwerdequote ist in kaum einem anderen Verwaltungsverfahren so hoch wie im Asylverfahren. Das allerdings ist auf den zweiten Blick geradezu zwingend logisch, geht es doch in keinem anderen Verfahren so sehr und so buchstäblich um die Existenz.

Dass die Gewährung von Asyl kein Gnadenakt ist, sondern eine Frage der Einhaltung der eigenen Gesetze sowie der UN-Menschenrechtskonvention, ist noch nicht in allen Köpfen angekommen. »Asyl sollte nicht eine Selbstverständlichkeit sein, sondern eine Ehre« meinte der Facebook-Schreiber K. – die orthografischen Fehler des Einheimischen wurden nicht in das Zitat übernommen.

Die pauschalen Vorurteile gegenüber Asylwerbern, die, befeuert von rechten Politikern, tief in der Gesellschaft verankert sind, zeigt ein weiterer Facebook-Eintrag von einer Frau H.:

»Bei 90 Prozent der Asylwerber müsste dann unter Fähigkeiten stehen ›Ausnutzen des österreichischen Sozialstaates‹ und sonst nichts«, gab sie ihre Sicht der Dinge wieder und steht damit in krassem Widerspruch zu den Fakten.

Asylwerberinnen und Asylwerber können den Staat gar nicht großartig ausnützen, denn sie erhalten ja keine Sozialleistungen, die man sich – sofern ausreichend firm auf dem Gebiet, sprachkundig und genügend moralisch verrottet – erschleichen könnte.

Wie Asylwerber leben (müssen)

In den ersten drei Monaten nach der Asylantragstellung dürfen Asylwerber überhaupt nicht arbeiten und sind komplett auf die Zuteilungen des Staates angewiesen. Und die sind nicht üppig: Im Falle einer Unterbringung in einem Asylwerberheim mit Verpflegung beträgt die finanzielle Hilfe 40 Euro im Monat, von denen Windeln, Seife, Binden und oft auch das WC-Papier zu zahlen sind. Und natürlich etwaige Anrufe in der Heimat, eine schlichte Notwendigkeit für jeden Menschen, der nicht mutterseelenallein auf der Welt ist, und besonders bei solchen, die ihre Familienmitglieder in instabilen, gefährlichen oder gar kriegerischen Regionen zurücklassen mussten. Variante zwei ist die Unterbringung in einem so genannten Selbstversorgerquartier von Caritas oder Volkshilfe. Dann erhalten Asylwerber statt der vorgegebenen Mahlzeiten »Essensgeld«, von dem auch die Hygieneartikel zu bezahlen sind: Einem Erwachsenen stehen 150 Euro zu, einem Minderjährigen 110 Euro pro Monat, für alles, was diese Menschen benötigen. Rechtsanspruch auf Bekleidungshilfe gibt es auch nicht, üblich sind 150 Euro im Jahr. In Oberösterreich nicht in Form von Bargeld, sondern als Gutscheine für Second-Hand-Läden. Geld für Schulbedarf gibt es in Höhe von maximal 200 Euro, allerdings nicht auf die Hand, sondern mittels Abrechnung mit der Schule. Variante drei ist die private Unterkunft. Zum Vergleich: Die Mindestsicherung beträgt in Österreich 813,99 Euro monatlich.

Auf Facebook machte ein Pascal S. zum Thema »was die Asylanten uns alles kosten« folgende Rechnung auf: »Der heilige Jörg hat den Steuerzahler mit seinen Hypo-G'schäfteln mehr Kohle gekostet als alle Asylanten von den 50er Jahren des vorigen Jahrhunderts bis ins Jahr 2275, aber das vergisst man halt schnell ...«

Drei Monate nach Antragstellung auf Asyl darf ein Bewerber arbeiten, allerdings aufgrund eines immer noch angewandten Erlasses des seinerzeit ressortzuständigen Ministers Martin Bartenstein (ÖVP) nicht etwa überall, sondern nur extrem eingeschränkt, nämlich als Saisonarbeiter in der Gastronomie sowie auf dem Feld. Und als Prostituierte oder Prostituierter. Letzteres ist eine besondere Niveaulosigkeit eines zivilisierten Staates, wie Österreich einer ist – und kaum jemandem ist diese beschämende Gesetzgebung bekannt.

Fast jedes Einkommen, das ein Asylwerber in diesen wenigen Bereichen erzielt, geht mit dem Verlust der oben beschriebenen Grundversorgung einher. Denn wer eigenes Geld verdient, gilt nicht als »hilfsbedürftig«. Das macht besonders für Familienerhalter die Annahme einer ja nur auf wenige Monate befristeten Saisonarbeit nicht nur unattraktiv, sondern, wie der Anwalt Georg Bürstmayr meint, »untunlich«, da die Wiederaufnahme des Asylwerbers und seiner Familie in die Grundversorgung nach wenigen Monaten im Job sehr aufwändig sei und lang dauere. Die Perspektive, nach einem solchen Kurzjob für viele Wochen auf der Straße zu stehen, lasse die meisten Asylwerber von diesem Angebot Abstand nehmen. Eine Erklärung dafür, warum 2014 nur 174 Personen aus dieser Gruppe als Saisonarbeiter gemeldet waren.

Die Debatte, ob Asylwerber Zugang zum regulären Arbeitsmarkt erhalten können sollten, wurde immer wieder angestoßen, selbst von Kanzler Werner Faymann, und postwendend von Sozialminister Rudolf Hundstorfer, ebenfalls SPÖ, abgewürgt. Verrückt eigentlich, bedenkt man die Länge von Asylverfahren und die entsprechende Zeit, die der Staat verpflichtet ist, Asylwerbern Unterstützung zu leisten, die viele von ihnen gar nicht bräuchten, ließe man zu, dass sie sich selbst ernähren.

Der Minister verwies auf die hohe Arbeitslosigkeit und tat ansonsten, was in Österreich üblich ist, wenn man einen hinterfragenswerten Zustand nicht einfach ändern will: Er gab eine Studie in Auftrag. In der soll »das Potenzial für Asylwerber auf dem Arbeitsmarkt« erhoben werden. Analysiert würden, wie der *Kurier* schrieb, »die Aufnahmefähigkeit« des Jobmarkts sowie mögliche »volkswirtschaftliche Gewinne«, und wie es andere Länder damit halten.

Die letzte Frage ist leicht beantwortet: Asylwerber müssen in der EU spätestens sechs Monate nach ihrem Asylantrag arbeiten dürfen. Der österreichische Sonderweg hat dem Land bereits vor Jahren eine Rüge der OECD, der Organisation für wirtschaftliche Zusammenarbeit und Entwicklung, eingetragen.

Integrationsexperte und Soziologe August Gächter sah in einem Interview mit dem *Standard* die Furcht vor Fremden als Grund für den Jobausschluss von Asylwerbern: »Weil das Innenministerium verhindern will, dass sich Asylwerber in Österreich integrieren. Ließe man das zu, würde eine Abschiebung im Fall eines Asyl-Negativbescheids zum Problem: Eine berufliche Existenz, also ein Privatleben, gilt laut Artikel 8 der Europäischen Menschenrechtskonvention als schützenswert – und damit als Bleibegrund.«

Weil ja Asylwerberinnen und -werber keiner geregelten Arbeit nachgehen dürfen, gibt es für sie keine Zahlen vom Arbeitsmarkt. Für die anderen in Österreich aufhältigen Personen im arbeitsfähigen Alter führte das Bundesministerium für Arbeit, Soziales und Konsumentenschutz für Januar bis Oktober 2014 folgende Statistik: Arbeitslose Österreicher: 7,2 Prozent; arbeitslose Schweizer 9,1 Prozent; arbeitslose EU-Bürger aus den jüngsten Mitgliedsländern minus Kroaten 11,5 Prozent; arbeitslose Kroaten 17,2 Prozent und damit mehr als arbeitslose Angehörige von Drittstaaten. Da lag die Arbeitslosenrate bei 15,6 Prozent.

Ende September 2014 befanden sich in der Grundversorgung für Asylwerber 26.749 Personen. Laut Volkshilfe Österreich kämen davon etwa 10.000 für den Arbeitsmarkt in Frage. Weitere 7500 waren noch keine drei Monate in Österreich, für 500 waren aufgrund der Dublin-Verordnung andere Staaten zuständig. Ungefähr 3200 Asylwerber waren unter 16 und damit aufgrund des Alters vom Arbeitsmarkt ausgeschlossen, 1100 waren über 60 und daher nicht vermittelbar. 600 waren mit »besonderem Betreuungsbedarf« gelistet, also mutmaßlich nicht arbeitsfähig. Rund 2000 Menschen hatten weder Asyl noch einen Aufenthaltstitel, daher keinen Zugang zum Arbeitsmarkt, waren aber nicht abschiebbar, wie das *profil* auflistete.

Tombola des österreichischen Asylwesens

In Österreich bleiben zu dürfen, ist entgegen den Mutmaßungen und Unterstellungen von fremdenfeindlichen Bürgern und Bürgerinnen gar kein Leichtes. Niederlassen dürfen sich nur EU-Staatsbürger ohne jegliche Einschränkung. Für Drittstaatsangehörige, also solche, die keine EU-Staatsbürgerschaft sowie keinen Asylantrag gestellt haben, gilt: Nach sechs Monaten benötigen sie einen so genannten Aufenthaltstitel.

Es gibt Aufenthaltsbewilligungen für den vorübergehenden Aufenthalt, jeweils auf maximal zwölf Monate, und befristete sowie unbefristete Aufenthaltstitel. Nach fünf Jahren ununterbrochenen Aufenthalts in Österreich kann ein solcher Daueraufenthaltstitel erteilt werden.

2013 wurden 26.500 Erstaufenthaltstitel an Drittstaatsangehörige erteilt. Dazu kamen rund 17.500 Flüchtlinge, die einen Asylantrag gestellt hatten. Rund 1300 Zuzügler waren Schlüsselarbeitskräfte, knapp 13.000 Menschen kamen im Zuge der Familienzusammenführung. 8600 Personen erhielten eine Erstaufenthaltsbewilligung als Schüler, Studierende, Geistliche, Au-Pairs und Forscher oder Forscherinnen. Hinzu kamen 2013 noch rund 5800 Saisonarbeitskräfte, wie das Bundesministerium für Inneres (BMI) auf seiner Homepage zeigt. Ein weiterer Teil der Zuwanderung, nämlich 16.100 Personen, waren österreichische Rückkehrer aus dem Ausland.

Die ausländische Wohnbevölkerung gab das BMI per 1.1.2014 mit 1.066.114 Personen an. Davon waren 49 Prozent Personen aus der EU, dem EWR (Europäischer Wirtschaftsraum) und der Schweiz und 51 Prozent Drittstaatsangehörige.

Diese wiederum unterteilten sich in fünf Prozent Menschen mit vorübergehendem Aufenthaltstitel, 25 Prozent mit befristeter Niederlassung, 53 Prozent mit unbefristetem Daueraufenthalt, vier Prozent Asylwerber und Asylwerberinnen mit laufendem Verfahren sowie 13 Prozent »Sonstige«, worunter anerkannte Flüchtlinge und Saisonniers fallen.

Die Zahlen und ihr Aufteilungsschlüssel sind deshalb relevant, weil sie belegen, dass die regelmäßig und nicht nur in niveaulosen Wahlkämpfen von rechts kommenden Ausländer-raus-Rufe, so man ihnen denn politisch folgen wollte, nahezu niemanden betreffen würden. Oder, um es mit einem Sprecher des Innenministeriums zu sagen: Die Gruppe, die man am leichtesten ausweisen könnte, wären die Illegalen.

Aber weil sie ja illegal sind, wird man ihrer nicht leicht habhaft.

Alle anderen Gruppen genießen zugestandene Aufenthaltsrechte. Diese Menschen oder einige von ihnen des Landes zu verweisen, würde vielfach Völkerrecht, österreichisches Verfassungsrecht und europäisches Recht verletzen. Die oft wiederholten Forderungen nach der Ausweisung und Abschiebung ganzer Gruppen von »Ausländern« haben somit, wie Anwalt Bürstmayr meint, »eine ähnliche Qualität wie solche nach schönem Wetter: populär, aber von vornherein völlig unrealistisch«.

Wie schwer es Asylwerber entgegen des Volkes Meinung haben, zeigt folgender Blog-Eintrag von Bürstmayr: »Heute darf ich als Anwalt einen schönen Erfolg feiern. Nach 13 Jahren prekären Aufenthalts soll mein Klient, ein palästinensischer Flüchtling, jetzt das Recht auf Aufenthalt und Arbeit in Österreich erhalten. Ich freue mich. Aber ich frage mich auch: Was hätten allein die BeamtInnen, die mit diesem Akt beschäftigt waren, alles für Wien leisten können, statt einen Menschen über mehr als ein Jahrzehnt im Kreis zu schicken? Was hätte dieser eine Mensch allein in dieser Zeit alles aufbauen können? Ein selbstbestimmtes Leben in Sicherheit, vielleicht sogar ein kleines Unternehmen mit mehreren Arbeitsplätzen. Mehr als 20 Jahre bin ich jetzt in diesem Bereich anwaltlich tätig. Und über meinen Schreibtisch sind so viele solcher Geschichten gewandert, dass ich weiß: Das sind keine Einzelfälle. Zehntausende Menschen in dieser Stadt sind davon betroffen. Jahr für Jahr. Mütter, die nicht wissen, ob ihre Kinder nächstes Jahr noch in Wien bleiben dürfen. Ehepaare, die jahrelang getrennt sind, nur weil auf dem Gehaltszettel ein paar Euro zu wenig stehen. Unternehmen, die Schlüsselpositionen monatelang nicht mit den richtigen Kräften besetzen können, weil irgendein Formular fehlt. Dieser Irrwitz betrifft zu viele, und er hat

System. Und das ist zutiefst unvernünftig. Wo Bürokratie nicht nur die Energie von guten BeamtInnen verschleudert, sondern so viele Menschen daran hindert, einfach zu leben und ihre Talente und Kräfte zu entfalten, schadet das uns allen.«

Der Palästinenser, der nach 13 Jahren endlich die Sicherheit bekam, sich in Österreich ein Leben aufbauen zu dürfen, war übrigens staatenlos – wie viele seiner Schicksalsgenossen, denn Landsleute wäre ja der falsche Begriff. Somit hätte ihn der Staat Österreich ohnehin nirgendwohin zurückschieben können. Er erhielt übrigens nach langen Jahren im Asylverfahren sein Aufenthaltsrecht, nachdem er nach zwei negativen Bescheiden ein weiteres Verfahren nach dem »Niederlassungs- und Aufenthaltsgesetz« anstrengte und dort wegen seiner langen Aufenthaltsdauer in Österreich schließlich das »Bleiberecht« erkämpfte.

Mit 13 Jahren Verfahrensdauer ist genannter Palästinenser aber bei weitem nicht der traurige Gewinner der Tombola des österreichischen Asylwesens. Die führt Dudal D'Costa aus Bangladesch an. 18 Jahre lang hat er auf einen positiven Ausgang seines Asylverfahrens gewartet. Die ersten neun Jahre vergingen bis zur Ausstellung des ersten – negativen – Bescheids der Behörde. Gegen diesen erhob der Bangladescher Einspruch. Seine Berufung wurde abgelehnt. Diese Ablehnung wurde – ein Beweis dafür, dass selbst Berufungsinstanzen und Gerichte im Rechtsstaat Österreich nicht fehlerlos sind – vom Verwaltungsgerichtshof aufgehoben. Auch danach bekam Dudal D'Costa nicht Asyl. Aber am Ende doch einen Bescheid für humanitäres Bleiberecht.

Es möge sich jede und jeder vorstellen, was es für Hirn und Seele bedeutet, wenn man 18 Jahre lang nicht arbeiten darf, sich daher keine Ausbildung finanzieren kann, nicht reisen, keinen Lebensplan machen: ein Leben in äußerer Sicherheit und kompletter persönlicher Unsicherheit.

In der Republik Österreich, in der jedes Ministerium endlos lange, frei zugängliche Texte mit Zahlen, Daten, Fakten und Tortengrafiken bietet, ist es übrigens unmöglich, aussagekräftige Statistiken darüber zu erhalten, wie viele der in erster Instanz negativ beschiedenen Asylentscheidungen in einer späteren Instanz aufgehoben wurden respektive werden mussten. Selbst die hohe Beschwerdequote lässt sich nur aufgrund der Aussagen von Anwälten und Anwältinnen erahnen. Viele Fälle hat der frühere Asylgerichtshof – aufgegangen im nunmehrigen Bundesverwaltungsgericht – »korrigiert«.

Als Anwalt könne man den Eindruck gewinnen, dass sich in der ersten Instanz eine Linie hart an der Grenze des Legalen durchgesetzt habe und man schaue, ob man sich damit durchsetzen könne, meinte ein Jurist. Und wenn, Monate später, das Gericht diese korrigiere, dann ändere man sie eben wieder. Nachsatz: Dort, wo die Behörde eine weichere Linie fährt und sich daraus eine höhere Anerkennungsquote ergibt, dort gibt es auch so gut wie keine Beschwerden. Und entsprechend weniger Kosten für die Allgemeinheit. Aber eine solche Einsparung wäre weniger schlagzeilenträchtig im Boulevard als irgendwelche Storys über »Scheinasylanten«.

Nur wenigen ist auch bekannt, wie viele Menschen widerrechtlich in Schubhaft sind. Die Diakonie, die einen Flüchtlingsdienst betreibt, der »Zugang zum Recht für Rechtlose« anbietet, gibt die Zahl mit etwa einem Viertel der Inhaftierten an. Im Jahr 2012 beriet sie rund 1400 Schubhäftlinge, in etwa 300 Fällen brachte sie Beschwerde ein und gewann in 70 Fällen. »Das heißt, dass die Gerichte in einem Viertel der Fälle auch zu der Auffassung gelangt sind, dass die Fremdenpolizei diese Menschen zu Unrecht inhaftiert hat«, schrieb die Diakonie, die für Spenden wirbt, damit Flüchtlinge kostenlos zu ihrem Recht kommen können, im Jahr 2013. Übrigens kostet jeder Tag unrechtmäßig verhängter Schubhaft die Steuerzahler 100 Euro Entschädigung, zusätzlich zu den Kosten für die Haft.

Nicht alle im Staat goutieren derlei Hilfestellung für Asylwerber, wie sie die Diakonie bietet. Und so wurde sie im Sommer 2012 von einem Beamten des Innenministeriums des schweren, gewerbsmäßigen Betrugs bezichtigt. Er informierte, wie *profil* berichtete, die Staatsanwaltschaft. Der Vorwurf: Die Arge Rechtsberatung, von der die Diakonie ein Teil ist, würde Haftentschädigungen von zu Unrecht in Schubhaft sitzenden Personen einbehalten. Die Vollmacht sei auf Deutsch abgefasst, weshalb es »zumindest fraglich erscheint, ob der Fremde sich des Umfangs seiner Handlungen bewusst war«. Unterschrieben war die Anzeige von einem Herrn der Abteilung Fremdenrecht und Grenzkontrolle im Innenministerium. Selbst als der Verwaltungsgerichtshof 2007 reihenweise Bescheide aufhob, ermunterte er seine Beamten noch zum Weitermachen mit der Schubhaft, so *profil*.

Die Diakonie vermutete eine Intrige. Und Heinz Patzelt von Amnesty International Österreich gewann den »unschönen Eindruck«, dass die Anzeige der Einschüchterung dienen und davon ablenken solle, »dass in Österreich Menschen viel zu oft und zu lang ohne gesetzliche Grundlage in Schubhaft landen«. Am Ende stellte sich der Vorwurf gegen die Diakonie als haltlos heraus.

Die Sache mit der Kriminalität

Ähnlich schwierig wie die Frage zu beantworten, wie viele Menschen denn tatsächlich nicht asylwürdig sind, ist jene nach der »kriminellen Energie« der Ausländer. 2013 besaß nahezu jeder zweite Gefängnisinsasse in Österreich eine andere als die österreichische Staatsbürgerschaft. Der *Standard* zitierte 2013 den Vollzugsbericht, der die »Justizanstalten-population« folgendermaßen auflistete: 47,9 Prozent Ausländerquote, während sie in der Gesamtbevölkerung bei 11,5 Prozent lag. Oder: Pro 100.000 Einwohner saßen 104 im Gefängnis. Wobei Österreich laut einer Studie des Europarats mehr Menschen einsperrt als andere Staaten, für sie aber weniger Geld ausgibt. Ein Häftling kostet die Allgemeinheit in Österreich 102 Euro pro Tag, in Schweden 260, in Norwegen 330.

Im Integrationsbericht heißt es: »Rund 32 Prozent der von Österreichs Gerichten im Jahr 2011 verurteilten Personen waren Ausländer. Bezogen auf die Bevölkerung gleicher Staatsangehörigkeit über 14 Jahren (dem Mindestalter für eine gerichtliche Verurteilung) wurden vier Mal so viele ausländische Staatsangehörige gerichtlich verurteilt (1,4 Prozent) als Österreicher (0,4 Prozent).«

Um allerdings einen echten Vergleich zu erhalten, sagt die Statistik Austria, müssten die Zahlen bereinigt werden. Denn bei Ausländern ist der Anteil der 15- bis 40-jährigen Männer um 40 Prozent höher als in der österreichischen Bevölkerung. Und diese Gruppe werde herkunftübergreifend deutlich öfter straffällig als andere. »Bereinigt um die Altersstruktur reduziert sich der Anteil der verurteilten Ausländer an der Referenzbevölkerung auf 1,0 Prozent und betrug somit das 2,7-Fache des Anteils der Inländer«, schrieben die Autoren des Berichts.

Dass für die Überrepräsentation in den Gefängnissen nicht in erster Linie die regulär hier wohnenden Zuwanderer verantwortlich sind, bekräftigen die Autoren eines einschlägigen Berichts vom Institut für Rechts- und Kriminalsoziologie (IRKS), Veronika Hofinger und Walter Fuchs. Gegenüber *derStandard.at* sagten sie, der Hauptgrund sei wohl, »dass sich durch die erhöhte Mobilität mehr nicht integrierte Ausländer in Österreich aufhalten. Darunter gibt es durchaus Gruppen, die in illegale Geschäfte involviert sind und gegen die konsequent Haft verhängt wird.« Als »einseitig« auffällig bezeichneten die zwei Autoren Bürger aus den EU-16-27 (also den jüngeren EU-Mitgliedsstaaten) und Bürger aus Drittstaaten jenseits des Balkans und der Türkei, vorwiegend aus Subsahara-Afrika. Die Auffälligkeiten lägen bei bestimmten Delikten wie Diebstahl und Suchtmittelkriminalität. Diese Täter seien »nur in spezifischer Weise integriert: Sie bedienen in riskanten Geschäftsbereichen die Nachfrage nach verbotenen Gütern und Leistungen.«

Das IRKS stellte noch einen weiteren Grund fest, warum mehr Ausländer als Inländer einsitzen: Sie werden eher von Gerichten verurteilt als Inländer. Demnach kamen auf hundert Tatverdächtige fremder Nationalitäten 16 Verurteilte und 12 Inhaftierte. Bei der gleichen Anzahl an tatverdächtigen Österreichern wurden 13 verurteilt und nur vier in Haft genommen. Das liege auch daran, dass »unter Ausländern häufiger Drogen- und Vermögensdelinquenten sind als unter StraftäterInnen gegen die körperliche Integrität oder Freiheit, die vergleichsweise zurückhaltend verfolgt werden«.

Bei der Untersuchungshaft wiederum scheinen Richter bei vergleichsweise leichten von Ausländern begangenen Delikten eher Fluchtgefahr anzunehmen als bei Österreichern. Unbescholtene Ausländer würden im Schnitt härter belangt als vorbestrafte Österreicher. Ausländer ohne Vorstrafe müssten in 45 Prozent der Fälle mit un- oder teilbedingtem Freiheitsentzug rechnen. Bei Österreichern seien das nur zehn Prozent. »Sogar vorbestrafte Einheimische wandern seltener hinter Gitter als Ausländer mit makellosem Leumundszeugnis.«

Kaum jemand interessiert sich auch für den oft aus der Sicht der Behörden wohl mageren Ausgang von Verfahren gegen Fremde, die zu Beginn besonders in den kleinformatigen

Medien massiv und gern ausländerfeindlich betrommelt wurden. Oder auch für Aussagen der Innenministerin, die jeder Grundlage entbehren. So musste Frau Mikl-Leitner nach der Festnahme einiger Männer, die erst in der Votivkirche in Wien, dann im Servitenkloster durch schlagzeilenträchtigen Protest auf die Zustände im Erstaufnahmelager Traiskirchen aufmerksam gemacht hatten, zurückrudern. Erst hatte sie den Festgenommenen attestiert, ein »Schlepper-Syndikat« auf die Beine gestellt und »schwangere Frauen auf der Route hilflos zurückgelassen« zu haben.

Die mittlerweile berüchtigte Staatsanwaltschaft Wiener Neustadt vermutete, die Verhafteten hätten Schleppungen im großen Stil »mitorganisiert, Fahrzeuge gelenkt und Unterkünfte bereit gestellt«. Die Gruppe, so hieß es im März 2014, hätte mindestens 1000 Personen, vor allem aus Pakistan, in die EU geschleppt und pro Kopf bis zu 10.000 Euro verlangt. Laut Polizei habe diese angebliche Mafia innerhalb weniger Monate zumindest drei Millionen Euro kassiert.

Auf Anfrage der Grünen musste das Innenministerium korrigieren: Das Bundeskriminalamt habe die Festgenommenen niemals mit »brutaler Vorgehensweise gegen Geschleppte« in Zusammenhang gebracht. Und die Innenministerin habe ganz allgemein von brutalen Methoden von Schleppern gesprochen – im *Kurier*-Archiv allerdings lassen sich Mikl-Leitners Worte nachlesen. Sie beziehen sich eindeutig auf die in Österreich Verhafteten. Ein unbescholtener Österreicher könnte bei solchen Vorwürfen die Innenministerin wohl auf den Tatbestand der üblen Nachrede und Kreditschädigung klagen.

Bei acht Männern aus der Gruppe der Votivkirchen-Aktivisten waren die Asylanträge abgewiesen worden. Auch das eine fragwürdige Vorgehensweise. Jedenfalls ließ sich der Anwalt der Flüchtlinge, Lennart Binder, im *Kurier* mit den Worten zitieren, es habe »kein asylrechtliches, rechtsstaatliches Verfahren stattgefunden. Diese Leute sind um ihre Fristen gebracht worden, sie sind betrogen worden.«

Anfang Dezember 2014 erging das Urteil in Wiener Neustadt gegen die angeblichen Schlepper: Mindestens zehn Fremde seien nachweislich geschleppt worden. Keine Rede also mehr von 1000 Geschleppten. Sieben Männer wurden verurteilt, einer freigesprochen. Die Urteile waren nicht rechtskräftig. Anwälte der Beschuldigten legten Nichtigkeitsbeschwerde und Berufung ein.

Den Asylwerbern war in 43 Verhandlungstagen vorgeworfen worden, dass sie illegal eingereisten Landsleuten geholfen hätten, in andere Länder weiterzureisen, dass sie Menschen privat Unterkunft gewährt hätten und sie telefonieren ließen. Die *Wiener Zeitung* formulierte es so: »Einen Bekannten zum Zug gebracht. Schuldig. Einem Freund etwas zu essen gegeben. Schuldig. Über das Internet eine Mitfahrgelegenheit besorgt. Schuldig. Es sind Gefälligkeiten wie diese gewesen, die in Wiener Neustadt zu sieben Schuldsprüchen nach Paragraf 114 des Fremdenpolizeigesetzes geführt haben: Schlepperei. Die Geldbeträge, die im Zuge dieser Gefälligkeiten übergeben wurden, waren minimal, teilweise deckten sie nicht den Aufwand. Aber das war in diesem Prozess juristisch unbedeutend.«

Das Gesetz differenziert nicht zwischen zehn und 1000 Euro, eine Bagatellgrenze gibt es nicht. »Wer die rechtswidrige Einreise oder Durchreise eines Fremden ... mit Vorsatz fördert, sich oder einen Dritten durch ein dafür geleistetes Entgelt unrechtmäßig bereichert, ist vom Gericht mit Freiheitsstrafe bis zu zwei Jahren zu bestrafen«, lautet der Gesetzestext. Bis zum Jahr 1990, also bis knapp nach dem Fall des Eisernen Vorhangs, war Fluchthilfe öffentlich als edel angesehen und vom Gesetz lediglich mit einer Geldstrafe belegt.

Das Wiener Neustädter Ersturteil lässt sich auch so interpretieren, dass es sich jede Staatsbürgerin und jeder Staatsbürger gut überlegen möge, einem ausländischen Fremden auch nur ein Handy zu borgen. Man weiß ja nicht, was die Person mit jemandem anderen am anderen Ende der Leitung organisiert.

Ein Angeklagter war nach der Urteilsverkündung ausgerastet und ließ die Richterin nicht weitersprechen. In User-Kommentaren zu dem entsprechenden Artikel im *Kurier* las sich das dann zum Beispiel so:»Wenn die Angeklagten meinen, dass Österreich keine Demokratie ist, steht es ihnen jederzeit frei, sich ein anderes Land zu suchen.« Schwierig für Personen in Polizeigewahrsam, aber Ausländerhass wirkt sich eben nicht positiv auf das Denkvermögen aus.

Die Menschenrechts-NGO SOS Mitmensch, die Österreichische Hochschülerschaft und die Sozialistische Jugend reagierten empört auf das Wiener Neustädter Urteil. Es würden »Opfer zu Tätern« gemacht.»Beim Fluchthilfeprozess sitzen nicht nur Einzelpersonen auf der Anklagebank, sondern ein ganzes Asylsystem, das legale Flucht unmöglich und Schlepperei notwendig macht«, hieß es in einer Aussendung von SOS Mitmensch. Das Recht auf Asyl sei in Österreich längst zu totem Recht verkommen.

Die Grünen kritisierten das Strafrecht, das eine Vermischung zwischen Fluchthilfe und Geschäftemacherei ermögliche.»Das Strafrecht muss jene bestrafen, die sich rücksichtslos am Schicksal Schutzsuchender bereichern beziehungsweise deren Leben bei einer Schleppung gefährden«, sagte die grüne Menschenrechtssprecherin Alev Korun. Und der *Standard* brachte eine Doppelseite über die Wandlung des Fluchthelfers vom Helden während der Nazi-Zeit und während der DDR-Zeiten zum Kriminellen in unseren Tagen.

Der Wiener FPÖ-Mann und Scharfmacher Johann Gudenus handelte seiner Partei im Zusammenhang mit der Causa der

Asylwerber-»Schlepper« eine Verurteilung wegen übler Nachrede ein. Geklagt hatte SOS Mitmensch, dem Gudenus in einer OTS, dem Aussendungsportal der österreichischen Nachrichtenagentur APA, vorgeworfen hatte, SOS Mitmensch solidarisiere sich »offen mit Verbrechern«. Der Organisation seien nur illegale Ausländer wichtig, weil sie, wie die Schlepper-Mafia auch, mit ihnen ein gutes Geschäft mache. Für die dadurch erlittene Kränkung verdonnerte das Oberlandesgericht Wien die Freiheitliche Partei Landesgruppe Wien als Medieninhaberin zur Zahlung einer Entschädigung sowie zur Veröffentlichung des Urteils.

Auch der Bundeschef der FPÖ verstrickte sich in einen Fight mit SOS Mitmensch – und zog den Kürzeren. Auf Facebook hatte Strache das Thema ausgewählt, wie viel Geld Asylwerber bekommen würden. Er postete einen Vergleich zwischen einer »Asylanten«-Familie und einer österreichischen Facharbeiterfamilie. Nach einem Schlagabtausch mit SOS Mitmensch musste Strache seine Zahlen korrigieren. In der Korrektur behauptete er, dass eine achtköpfige »Asylanten«-Familie 2564 Euro erhalte und eine Facharbeiterfamilie mit ebenfalls sechs Kindern 2042 Euro. 174 Mal, zeigte die *Presse* auf, wurde dieses Posting verbreitet, 423 Strache-Fans gaben ihrem Idol ein »Like«. Der Haken: Auch diese Zahlen waren Unsinn, wie ein Sprecher des Innenministeriums der *Presse* bestätigte. Die Schwierigkeit solcher Berechnungen beginnt, wie bereits aufgezeigt, bei der Frage, wie und wo diese Asylwerberfamilie untergebracht ist. Aber mit solchen Finessen hält sich nicht jeder Stimmungsmacher auf Stimmenfang auf.

Absurditäten der Bürokratie

Auch wer nicht straffällig wird und gesittet den Ausgang seines Asylverfahrens abwartet, lebt im Gegensatz zu dem, was viele Bürger annehmen, als Mensch zweiter Klasse. Eine von diesen ist Samira aus Afghanistan, die der *Falter* porträtierte. »Samira sitzt vor dem Fernseher, denn sie will Ärztin werden«, schrieb die Stadtzeitung. »Ich schaue mir Sendungen an und versuche aus Gesten und Mimik abzulesen, was die Personen gesagt haben könnten«, erzählte sie in ihrer Muttersprache. Samira werde vermutlich nie Ärztin werden, stand in der Reportage zu lesen. Denn sie sei 15 Jahre alt und noch immer Analphabetin. In Afghanistan hätten ihr die Taliban den Schulbesuch verboten. Und in Österreich hat sie keine Möglichkeit dazu. Sie ist nicht mehr schulpflichtig, und dort, wo Samira jetzt wohnt und auf ihren Asylbescheid wartet, gibt es keinen Deutschkurs.

Da durchaus davon auszugehen ist, dass das Mädchen in Österreich – zumindest mit anwaltlicher Hilfe – einen Aufenthaltstitel erhält, stellt sich die Frage, warum der Staat einen Menschen im Analphabetismus halten will, der dann den Rest seines späteren Arbeitslebens entsprechend weniger Steuern entrichten wird können als als gelernte, womöglich studierte Kraft.

Den bürokratischen Wahnsinn in die andere Richtung personifizierte eine 33-jährige, aus Bosnien gebürtige Germanistin, die Deutschprüfungen abnimmt. Und die zu ihrer eigenen Einbürgerung einen Deutschtest ablegen sollte. »Die Wiener MA 35 verlangte eine Bestätigung, dass ich Deutsch auf Maturaniveau B2 beherrsche. Ich erwiderte mit dem Hinweis auf mein Germanistikstudium und meine Arbeit als Deutsch-Prüferin. Beides setze verbriefte B2-Deutschkenntnisse voraus. Das reiche laut Gesetz nicht aus, lautete die Antwort. Ich müsse eine weitere B2-Deutschprüfung machen«, berichtete die Frau dem *Standard*. Sie wäre übrigens befugt gewesen, sich selber zu attestieren, dass sie ausreichend Deutsch kann. Nach einigem Hin und Her, vielleicht auch ob der Medienberichte über diese Absurdität österreichischer Vorschriften, ließ die Behörde von ihrem Ansinnen ab und die Deutsch-Expertin konnte österreichische Staatsbürgerin werden.

Der Fall mag auch ein Beispiel dafür sein, dass in Österreich, wie es Außen- und Integrationsminister Sebastian Kurz formuliert hat, eine »Willkommenskultur« fehlt. Es mangelt auch vielfach das Verständnis dafür, dass nicht schikanös, sondern anständig behandelte Menschen wesentlich leichter und lieber anständige Mitglieder der Gesellschaft werden, wie dies ja dauernd – und im Grunde zu Recht – gefordert wird.

Ein 18-jähriger Flüchtling vom Hindukusch konnte den Abgeordneten des Parlaments bei einer Enquete am 10. November 2014 in seiner Rede erklären, wie es sich für einen Asylwerber anfühlt, hier zu sein, in momentaner Sicherheit vor Verfolgung, aber ohne Entfaltungsmöglichkeiten. Hier der Text des Flüchtlings:

»Ich bin mostafa aus Afghanistan. Im Februar 2013, als ich 16 Jahre alt war, bin ich nach Österreich geflüchtet.
Ich bedanke mich bei Ihnen und beim österreichischen Volk, die eine neue Möglichkeit zum Leben für mich möglich gemacht haben, wenn ich gefühlt habe, dass alle meine Dramen beendet sind und mein Leben am Ende war. Bis zu meinem 18. Geburtstag habe ich in einer Unter-18-WG gelebt, unterstützt von Don Bosco und der Stadt Wien. Ich habe dort sehr gute Möglichkeiten zum Leben und Lernen gehabt, wie: kostenlose Schule, Deutschkurs und Versicherung. Ich danke Ihnen, Politikerinnen und Politikern, dass Sie die Gesetze und die Möglichkeit für uns gebaut haben.

Ich wollte mich bei Ihnen auch über etwas beschweren, obwohl ich weiß, dass ich es nicht darf. Als ich 18 geworden bin, habe ich viele neue Probleme bekommen, wie: eine Wohnung, eine Schule oder Lehrstelle zu finden. Wegen meinem Asylstatus darf ich leider nicht arbeiten oder Geld verdienen und es hat mir so viele Schwierigkeiten gebracht.

Sehr geehrte Damen und Herren, ich habe in Österreich bekommen, was ich in meinem Land nie hatte. Für mich ist Österreich meine Heimat. Ich will Ihnen unbedingt meinen Dank zeigen. Ich möchte in Österreich mehr positive Aktivität tun.

Als ich ganz einsam war, hat mir Österreich geholfen, und jetzt will ich auch etwas Positives für Österreich machen. Bitte vertrauen Sie mehr auf mich und auf alle Flüchtlinge, die in der gleichen Situation wie ich sind. Statt sich ewig über die vermeintliche Faulheit der Asylwerber zu beklagen, sollten Sie uns ermöglichen, schnell arbeiten zu gehen und somit eine bessere Integration zu ermöglichen.«

Mostafa Noori

Allgemeine Erklärung
der Menschenrechte

Artikel 1 Alle Menschen sind frei und gleich an Würde und Rechten geboren. Sie sind mit Vernunft und Gewissen begabt und sollen einander im Geiste der Brüderlichkeit begegnen.

Artikel 2 Jeder hat Anspruch auf alle in dieser Erklärung verkündeten Rechte und Freiheiten, ohne irgendeinen Unterschied, etwa nach Rasse, Hautfarbe, Geschlecht, Sprache, Religion, politischer oder sonstiger Anschauung, nationaler oder sozialer Herkunft, Vermögen, Geburt oder sonstigem Stand. Des weiteren darf kein Unterschied gemacht werden auf Grund der politischen, rechtlichen oder internationalen Stellung des Landes oder Gebietes, dem eine Person angehört, gleichgültig ob dieses unabhängig ist, unter Treuhandschaft steht, keine Selbstregierung besitzt oder sonst in seiner Souveränität eingeschränkt ist.

Artikel 3 Jeder hat das Recht auf Leben, Freiheit und Sicherheit der Person.

Artikel 4 Niemand darf in Sklaverei oder Leibeigenschaft gehalten werden; Sklaverei und Sklavenhandel in allen ihren Formen sind verboten.

Artikel 5 Niemand darf der Folter oder grausamer, unmenschlicher oder erniedrigender Behandlung oder Strafe unterworfen werden.

Artikel 6 Jeder hat das Recht, überall als rechtsfähig anerkannt zu werden.

Artikel 7 Alle Menschen sind vor dem Gesetz gleich und haben ohne Unterschied Anspruch auf gleichen Schutz durch das Gesetz. Alle haben Anspruch auf gleichen Schutz gegen jede Diskriminierung, die gegen diese Erklärung verstößt, und gegen jede Aufhetzung zu einer derartigen Diskriminierung.

Artikel 8 Jeder hat Anspruch auf einen wirksamen Rechtsbehelf bei den zuständigen innerstaatlichen Gerichten gegen Handlungen, durch die seine ihm nach der Verfassung oder nach dem Gesetz zustehenden Grundrechte verletzt werden.

Menschen mit Migrationsgrund

Gründe, sein Herkunftsland zu verlassen, gibt es viele: eine Weiterbildung, eine Liebe, der Versuch einer ökonomischen Verbesserung des eigenen Daseins sowie jenes der eigenen Kinder, die kulturelle Vielfalt Österreichs – oder Verfolgung, Terrorismus und kriegerische Auseinandersetzungen, die ein Leben dort, wo man sein Zuhause hatte, nicht weiter möglich machen. Viele Menschen wollten gar nicht ursprünglich nach Österreich, kannten es mitunter überhaupt nicht und landeten in diesem Land, weil sie Schlepper hier aussetzten und nicht anderswo.

Einigen, die kamen, um zu bleiben, soll, in alphabetischer Reihenfolge, hier Raum gegeben werden, ihre Geschichte zu erzählen, weil ja jede und jeder sein eigenes Schicksal hat und nicht bloß anonymer Teil einer Statistik ist.

Man nennt die Menschen mit ausländischen Wurzeln in einer vorgeblich politischen Korrektheit Menschen mit Migrationshintergrund. Das ist auch ein Stigma, für sie und ihre Kinder, denn diese Punzierung behält man sein ganzes Leben lang, egal, wie gut man sich in die Gesellschaft eingeordnet hat. Dieses Kunstwort baut keine Brücke zwischen den Alteingesessenen und den Dazugekommenen, sondern stellt im Gegenteil eine unüberwindbare Kluft dar.

In Wahrheit hatten all diese Menschen oder ihre Eltern vor allem eines: einen Migrationsgrund.

**»Wenn du auf einem Weg bist,
auch wenn er schwierig ist,
musst du ihn gehen.«**

*Bagher Ahmadi, 18, ist Angehöriger der Minderheit der
Hazara in Afghanistan. Mit 13 floh der Halbwaise allein aus
der Gewalt des Landes und der Familie. Nach einer Odyssee
mit Gefängnisaufenthalten, Prügel und einer Messerattacke
von einem Schlepper kam er nach drei Jahren, im Oktober
2012, im Erstaufnahmezentrum in Traiskirchen an. Er macht
seinen Pflichtschulabschluss in Linz. Der Bezirksmeister
in Geräteturnen erhielt in Österreich Subsidiärschutz und
träumt davon, Schauspieler und Stuntman zu werden.*

Bagher Ahmadis Kindheit war eine Aneinanderreihung von
Gewalt. Da waren bewaffnete Männer, die in sein Dorf in der
zentralafghanischen Provinz Daikundi unweit der von den
Taliban gesprengten Buddha-Statuen von Bamiyan kamen,
um von seinen Eltern Geld zu erpressen. Doch die Familie
hatte nichts und so schlugen die Männer Baghers Vater. Seine Mutter, die gerade dabei war, in einem Erdloch Brot zu
backen, wie es Tradition ist, tauchten sie mit dem Kopf in die
Glut. »Ihre Haare waren verbrannt und mein Vater war be-
wusstlos«, erinnert sich der heute 18-Jährige in beachtlich
gutem Deutsch an diesen Schreckenstag. Seine Mutter starb
an den Folgen dieses Überfalls, da war Bagher drei oder vier
Jahre alt. »Die Schafe, die Kühe, alles war weg.«

Zwei Jahre später hat der Vater wieder geheiratet, eine Wit-
we aus einem bekannten Clan. Mutterliebe brachte die Frau
den angeheirateten Kindern gegenüber nicht auf. Es setzte

viele Prügel. Und Bagher musste arbeiten. Die Schafe ins Ge-
birge treiben und in der Landwirtschaft helfen.

»Ich war fünf oder sechs Jahre in der Schule. Aber nur ein
oder zwei Mal in der Woche. Denn die Schule war zwei Stunden Fußmarsch entfernt. Anfangs hatten wir überhaupt keine
eigene Schule, da gab es Unterricht in der Moschee. Und im
Sommer im Schatten im Freien. Außer Schreiben und Lesen
habe ich nichts gelernt.«

Und immer schimpfte die Stiefmutter und immer setzte es
Prügel. Sein Bruder ist davongelaufen, aber der Vater hat ihn
zurückgeholt. Als Bagher 13 war, sagte er: »So kann ich nicht.
Entweder Schule oder arbeiten.« Die Erziehungsberechtigten
befahlen, er solle arbeiten. Und da entschied er, zu verschwinden. Durch Freunde wusste er, dass es Schlepper gibt. Und
dass sein Vater zu Hause in einer Metallbox Geld aufbewahrte,
das wusste er auch. Die brach er auf und entwendete 5000 Af-
ghani, ungefähr 100 Euro.

»Mit diesem Geld konnte ich keine Schlepper bezahlen, sondern nur Essen.« An einem Mittwoch ist er gemeinsam mit
einem Freund weggelaufen. Das Geld hatte er in einen Schal
eingenäht, den er wie einen Gürtel trug. Die beiden Kinder
wollten in die Hauptstadt Kabul. Jedes Mal, wenn ein Fahr-
zeug vorbeifuhr, hatten sie große Angst. Denn sie wussten,
dass Taliban so viele Kinder entführten. In der ersten Nacht
schafften sie es bis zu einem Hotel in einem Dorf und warteten auf Schlepper. Doch es kamen keine. Zufällig hat Bagher
dort den Bruder seiner Stiefmutter gesehen, der sagte, er solle
zurückkehren. Doch der Bub antwortete: »Auch wenn ich jetzt
sterbe, ich gehe nicht zurück.«

Mit doch noch aufgetriebenen Schleppern erlebte er eine
lange Autofahrt, »da wurde mir so schlecht, denn ich bin ja
zuvor nahezu nie in einem Auto gesessen«. Die beiden Kinder
landeten in Kabul, wo die Schlepper zwei Häuser hatten. Rund

hundert Leute waren dort, alle auf der Flucht. An der grünen Grenze zum Iran »sah ich da hundert Leute und dort hundert Leute, so viele Gruppen von Menschen. Wir hörten Schüsse und ich hatte Angst.«

Über eine Art kleine Holzbrücke schafften sie es zu Fuß in den Iran. Weiter ging es mit Autos. »Wir waren vier Leute in einem Kofferraum. Aber ich habe mich so gefreut, dass wir jetzt im Iran waren.« Farsi, die Sprache der Iraner, verstand Bagher, denn es ist seine Muttersprache. Nur dass sie in Afghanistan Dari heißt. Sie wird von den Minderheiten der Hazara und der Tadschiken gesprochen.

Es folgten zwei Tage Autofahrt in rasender Geschwindigkeit. »Ein Auto ist dabei umgekippt und jemand ist gestorben«, erzählt der so offene und freundliche junge Mann in einem Linzer Kaffeehaus. Zu essen und zu trinken hatten sie nichts. Zuletzt waren sie zu Dreiundzwanzigst auf der Ladefläche eines Kleinlasters zusammengepfercht. Als sie in der Stadt Bam im Südosten des Iran angekommen waren, »sagte man uns, wir sollen rennen. Doch wir konnten nicht, nach der langen Fahrt mit hochgezogenen Knien.«

Über Teheran ging es in die 1,5-Millionen-Einwohnerstadt Karadsch am Alborzgebirge. Dort wurden sie in einem weiteren Schlepperhaus untergebracht. »Wir lassen euch nicht gehen, ehe ihr nicht bezahlt habt«, sagten die Fluchthelfer. Fünf Tage waren sie dort eingesperrt, dann hatten die Schlepper verstanden, dass die beiden Kinder wirklich niemanden im Iran kennen, der die Rechnung begleichen könnte. »Und so brachten sie uns in eine Glasfabrik, wo wir gearbeitet haben.« Dort fand sich nach zehn Tagen ein Mann aus Baghers Dorf, der bezahlte die Schlepper und brachte die Kinder zu seinem Arbeitsplatz am Bau. »Ich war aber zu klein für diese Arbeit.« Und so bot der Landsmann Bagher an, in einer Schneiderei seine Schulden abzuarbeiten. Ein Jahr, so sagte man ihm, würde er als Lehrling arbeiten und kein Geld, sondern nur Essen erhalten. »In neun Monaten habe ich gelernt, Herrenanzüge zu schneidern.«

Geld verdiente Bagher in dieser Zeit nicht, erfuhr jedoch von anderen, »dass es Europa gibt und dass es dort keinen Krieg gibt, aber Arbeit und ein gutes Leben«. Dort wollte er hin. Und weil er Geld verdienen musste, wurde er weitergereicht in die Schneiderei eines Afghanen.

Von acht Uhr früh bis Mitternacht, täglich mit Ausnahme von Freitag, schnitt Bagher Stoffe zu und nähte. »Nach der Arbeit haben wir die Stoffe beiseite geräumt und uns auf dem Tisch schlafen gelegt. Zum Duschen mussten wir ins Badehaus fahren, denn außer einem Fernseher hatten wir nichts.« Anfangs war es sehr schwierig für Bagher, die Schultern der Anzüge zu bügeln, »weil ich zu klein war«. Er musste auf ein Brett steigen, das er über einen Autoreifen gelegt hatte, um genug Druck auf den Stoff ausüben zu können.

Jeder Aufenthalt im Freien war eine Gefahr, denn die Polizei hätte sie sofort nach Afghanistan zurückgeschickt. Und selbst die Kinder haben ihnen zugerufen: Hey, Afghanen! Verschwindet! Es gab auch immer wieder Polizeikontrollen beim Schneider, da mussten die beiden immer Bakschisch geben, damit die Polizisten wieder verschwanden.

Im Iran erwachte Baghers Wunsch, Schauspieler zu werden. Er fand sogar eine afghanische Schauspielschule, ging ein paar Wochen hin und spielte dann in der iranischen Serie Khodahafez Bache mit, ein paar Minuten.

Zwei Jahre Vollarbeit als Schneider hat der Jugendliche hinter sich gebracht, dann hatte er fast 6000 Euro beisammen für die nächsten Schlepper. Die Route Richtung Europa begann mit einem neunstündigen Fußmarsch bis zur Grenze zwischen dem Iran und der Türkei, dann in die Stadt Van in Ostanatolien, mit dem Bus nach Istanbul und weiter bis an die

Grenze zu Griechenland. »Diese Grenze ist sehr schwierig zu überwinden«, erinnert sich Bagher Ahmadi. Es gab da einen Fluss, so breit wie die Donau, »und man sagte uns, da drinnen sind Krokodile. Wir wussten nicht, ob das stimmt.«

Die Schlepper verfrachteten 15 Personen auf ein Schlauchboot für maximal sieben und stießen das Boot vom Ufer ab. Bagher war voller Angst, denn er konnte nicht schwimmen. Ein Pakistani, der keine Ahnung von Paddelbooten hatte, schnappte das Paddel und ruderte wie wild. »Und wir haben uns unentwegt im Kreis gedreht.« Dann aber klappte es doch und die Gruppe überquerte das Wasser.

Am anderen Ufer angekommen, versteckten sie sich vor Polizisten, denn sie dachten, sie wären noch in der Türkei. »Und ich habe so Angst gehabt. Aber als ich verstanden habe, dass wir in Griechenland sind, habe ich mich so gefreut.« Ein Grieche habe ihnen gesagt, wo die Polizeistation ist. »Ich glaube, der sieht jeden Tag solche Menschen wie uns.«

Man verfrachtete sie in ein Anhaltelager und nahm ihnen die Fingerabdrücke ab. »Und wir hörten, dass Griechenland den Flüchtlingen nicht helfen kann. Und mir sagte man, dass Unter-18-Jährige in ein Lager kommen. Das wollte ich nicht. Also habe ich behauptet, ich bin über 18.« Der nicht gerade große, zarte Bagher bestieg einen Bus nach Athen. 70 Euro habe der gekostet. In der griechischen Hauptstadt sei er in den unter Flüchtlingen bekannten Viktoriapark gegangen.

»Damals wusste ich noch nicht, dass es Österreich gibt«, lacht der junge Mann mit den dunklen Knopfaugen und den schönen langen Fingern. Er habe auch weder griechische noch lateinische Buchstaben lesen können. Er habe aber bald herausgefunden, dass der billigste Weg ins Zentrum Europas der über Mazedonien, Serbien und dann Österreich ist. Nach vier Tagen hatte der zum Fluchtexperten avancierte Bagher einen Schlepper aufgetrieben.

Man brachte ihn auf eine Insel. »Wir schliefen im Wald, Kekse und Fischkonserven hatten wir aus Athen mitgebracht, Trinkwasser fanden wir auf einem Friedhof.«

Eine Woche mussten er und die anderen Fluchtwilligen warten, immer unter Beobachtung der Polizei. Ihr Plan war, sich in Lastwagen zu verstecken, die mit der Fähre nach Italien fuhren. 22 Stunden dauert diese Überfahrt. Doch dann kam es zu einem Streit mit den Schleppern, die ihren Lohn forderten. »Meinen Freund haben sie geschlagen. Dann auch mich. Ich hatte 500 Euro in meinem Schuh versteckt, denn ich dachte, das Geld werde ich brauchen.« Bagher Ahmadi zeigt eine Narbe am linken Oberarm, eine bleibende Erinnerung an des Schleppers Messer. Er musste seine Notration an Geld herausrücken. »Denn sonst bringen die dich um.«

Allein versuchte der damals nicht einmal 16-Jährige, sich zwischen Achse und Unterboden eines Lasters zu verbergen, aber dann fürchtete er, dass sich mit den Rädern auch die Achse drehen würde und so kroch er wieder aus seinem Versteck.

Er wurde von Polizisten aufgegriffen und auf die Polizeistation gebracht. »Dort bin ich sofort eingeschlafen«, so erschöpft war er. Als er aufwachte, sah er sich in einem Spiegel und erschrak. Ganz schwarz seien sein Gesicht und seine Kleidung gewesen. »Und gestunken habe ich auch. Ich konnte ja tagelang nicht duschen.« Ein Polizist kam, der sei nett gewesen und habe einfach gesagt: Geh!

»Es war sehr schlimm und ich war sehr traurig. Ich habe auch geweint«, beschreibt Bagher Ahmadi seinen damaligen Zustand. »Ich hatte kein Geld mehr für Schlepper und niemanden, der mir helfen würde.« In der Not rief er in seiner alten Firma in Teheran an. Und tatsächlich sandte ihm ein Mann ausreichend Geld – das Bagher Ahmadi längst zurückerstattet hat.

Zwei Monate wartete er in Athen, bis der richtige Schlepper kam. »Damals war ich ganz braun, wir waren oft am Strand. Und dort dachte ich mir, ich muss jetzt schwimmen lernen.« Eigentlich hätte die Weiterreise über Mazedonien 3000 Euro gekostet, so viel hatte er nicht. Aber die Schlepper hatten diesmal Mitleid mit dem Flüchtling. Von Athen ging es mit dem Zug nach Thessaloniki, mit dem Auto nachts über die Grenze nach Mazedonien. »So kalt war es dort im Wald.« Die Polizei tauchte auf, brachte die illegalen Grenzübertreter ins Gefängnis und tags darauf zurück nach Griechenland.

Beim zweiten Anlauf aber klappte es. Stundenlang ging die Flüchtlingsgruppe durch den Wald, dann in rasender Geschwindigkeit in einem Schlepper-Kleinbus bis nach Belgrad. Und weiter an die serbisch-ungarische Grenze. »Wieder war es so kalt da im Wald. Und da warteten Leute ein bis zwei Monate, weil sie kein Geld mehr hatten.« Bagher Ahmadi ging zu Fuß, mit der Wegbeschreibung der Schlepper. Plötzlich war da ein »wilder Hund«, den Beißkorb sah er nicht und fürchtete sich. Hinter dem Hund Polizisten, es hieß »Hände auf den Rücken«, die Handschellen klickten und er fand sich wieder auf dem Boden kauernd.

Er und die anderen wurden in ein Gefängnis gebracht. »Wir waren fünf Leute. Ich war der erste, mit dem die Polizei sprach. Sie hatten einen afghanischen Dolmetscher und sagten, sie würden mich nach Griechenland zurückschicken.« In einem unbeobachteten Moment ist der enorm sportliche Bagher Ahmadi aus einem Fenster gesprungen und weggerannt. Er fand seine Schlepper wieder. Sie verfrachteten ihn in einen Lkw. »Es dauerte fast zwei Tage und da drinnen war es finster.«

Nach drei langen Jahren stand Bagher Ahmadi in Wien auf der Straße. »Und ein Zivilpolizist sagte: Passport. Und ich sagte: No passport.« Nach demütigenden Prozeduren landete der Afghane in Traiskirchen, wo er zwei Monate blieb und ein bisschen Deutsch lernte. »Von den anderen Leuten. Hallo, wie geht's, konnte ich sagen und das Verb sein. Dort habe ich auch meine ersten Buchstaben in Lateinschrift gelernt.«

Im Dezember 2012 kam er in einem ehemaligen Hotel in Gallspach bei Grieskirchen in Oberösterreich unter. 35 andere minderjährige Afghanen waren dort untergebracht. Und dort begann sein Weg in ein Leben mit Menschen mit Empathie und Initiative. Zwei engagierte Lehrerinnen aus der Umgebung boten an, mit den jungen Leuten, manche waren Analphabeten, manche hatten ein paar Klassen in einer iranischen Schule hinter sich, Deutsch zu lernen. Und sie informierten den Leiter des Gymnasiums Dachsberg, Direktor Karer, über die Jugendlichen, die zum Herumlungern verdammt waren. Und der Direktor sagte, er nehme die Burschen. Alle UMF, so die Abkürzung für unbegleitete minderjährige Flüchtlinge. Auch jene, die nach der Gesetzeslage wegen des Alterslimits kein Recht mehr auf Schulbildung hatten.

»So kam Struktur in den Tagesablauf der Burschen. Und Sinn und Hoffnung in die Wartezeit während des Asylverfahrens«, erläutert Christa Schneider, die Bagher Ahmadi zu diesem Interview begleitet hat. Sie ist Magistra der Germanistik, freiberufliche Lektorin und freiwillige Unterstützerin der jungen Fremden. Baghers bester Freund ist ihr Patenkind und um Bagher hat sich Frau Schneider gemeinsam mit zwei anderen Frauen auch gekümmert.

Direktor Karer hat den teuren Transport der Jugendlichen vom Flüchtlingsheim in die Schule, ein katholisches Privatgymnasium, organisiert. Die Wirtschaftskammer Grieskirchen und der Rotary-Club halfen. »23 Kilometer sind das«, kommt es von Bagher Ahmadi wie aus der Pistole geschossen.

»Wir Frauen haben vieles andere gemacht: Gemeinsames Lernen, Ausflüge mit den Burschen, Bücher und Lexika organisiert, Geburtstage gefeiert, gemeinsam gekocht und geputzt, wir sind ins Kino und in Ausstellungen gegangen. Und manchmal waren wir einfach nur da. Zum Reden und Trost spenden«, sagt Frau Schneider. Die Frauen haben auch Baghers Bahnfahrten zu seiner Sportschule bezahlt. »Meine zweite Leidenschaft: Kickboxen, Thaiboxen, Geräteturnen, Breakdance«, berichtet er und seine Augen leuchten. Der Afghane holte den Bezirksmeistertitel in Geräteturnen.

Seine Hauptleidenschaft ist aber das Schauspiel, und »Schauspieler und Stuntman« würde er gerne werden. Auch wenn er weiß, dass das nicht so einfach ist, weil er ja nicht Deutsch als Muttersprache hat. Aber er spielte bereits Theater, hat 2013 einen Workshop absolviert und ist auch jetzt wieder jeden Freitag in einem solchen.

Über das lange Asylverfahren sagt er, »ich hatte mich sehr gefreut, dass in Österreich jetzt alles erledigt ist. Aber es war doch nicht erledigt. Immer das Warten, ob ich bleiben darf.«

Das Linzer Bundesasylamt (heute nennt es sich Bundesamt für Fremdenwesen und Asyl) hat nach seiner ersten Einvernahme entschieden: »Ihr Antrag auf internationalen Schutz ... wird bezügl. der Zuerkennung des Status des Asylberechtigten gemäß § 3 Abs. 1 iVm §2 Abs 1 Ziffer 13 AsylG 2005 ... abgewiesen.

II. Gemäß § ... wird Ihr Antrag auf internat. Schutz bezügl. der Zuerkennung des Status des subsidiär Schutzberechtigten in Bezug auf Ihren Herkunftsstaat Afghanistan abgewiesen.

III. Sie werden gemäß § ... aus dem österr. Bundesgebiet nach Afghanistan ausgewiesen.«

Das Urteil im Frühjahr 2013 löste beim Betroffenen und seinen Unterstützerinnen einen Schock aus. Das Gerichtsverfahren sei auch nicht kindgerecht gewesen, der Übersetzer schlecht, sagen Bagher Ahmadi und Christa Schneider. Erst nach einer Beschwerde beim Asylgerichtshof durch einen Rechtsberater und durch anwaltliche Unterstützung bekam der junge Flüchtling im September 2014 subsidiären Schutz. Der gilt für ein Jahr mit der Möglichkeit, zwei Mal zu verlängern, und danach kann man die Rot-Weiß-Rot-Karte erhalten und arbeiten, wie Bagher Ahmadi weiß.

Allein der Umstand, dass er der in Afghanistan seit eh und je verfolgten Minderheit der Hazara angehört, lässt Zweifel an der Gerechtigkeit der Entscheidung aufkommen, dass er nicht sofort Asyl bekam. Vom Mehrheitsvolk der Paschtunen gibt es den Spruch über die Minderheiten: »Die Tadschiken nach Tadschikistan, die Usbeken nach Usbekistan und die Hazara nach Guristan.« Guristan bedeutet: unter die Erde.

Auf die Frage, wie er all die Strapazen, die Angst und die Einsamkeit ausgehalten habe, zuckt Bagher Ahmadi mit den Schultern und sagt: »Wenn du auf einem Weg bist, auch wenn er schwierig, musst du ihn gehen.«

Weil er nun über 18 ist, bekommt er nicht mehr 200 Euro wie die Minderjährigen, sondern nur 165 Euro pro Monat. Und zwei Mal im Jahr einen Gutschein für Kleidung: im Winter 100 Euro, im Sommer 50. Aus Altersgründen musste er auch das Flüchtlingshaus für Jugendliche in Gallspach verlassen, ein Ereignis, das bei Christa Schneider nicht ohne Tränen abging, als der junge Mann seine Habseligkeiten packte, um in Linz in eine grindige Einrichtung für Erwachsene zu ziehen, wo er sich mit einem Zweiten ein Zimmer teilt.

Von dort schrieb er, der nun seinen Pflichtschulabschluss macht, weil es auf dem Gymnasium mit Mathematik und Englisch nicht ausreichend gut ging, Christa Schneider via whatsapp diese Zeilen: »Waltraud, Andrea, Christa, ihr wart wirklich wie meine Mama früher. Manchmal habe ich geweint, dass ich niemanden habe, der mich liebt. Aber jetzt sehe ich, dass du sogar weinst. Und ich habe dieses Gefühl nicht mehr. Ihr habt mir sehr geholfen.«

»Egal, wie gut ich bin, ich werde nie als eine der ihren akzeptiert werden.«

Eser Ari-Akbaba, 35, in Wien geborenes Migrantenkind. Die Eltern: anatolische Kurden und Aleviten (eine liberale Richtung des Islam). Sie kamen auf Einladung des Staates Österreich 1973 als Gastarbeiter hierher. Eser wurde mit knapp sieben Jahren österreichische Staatsbürgerin und wuchs mit den drei Sprachen Deutsch, Zaza (Iranisch-Kurdisch) und Türkisch auf. Sie ist Magister der Publizistik und erste TV-Moderatorin im ORF mit eindeutig »fremdländischem« Namen. Der Name ihres türkisch-kurdisch-stämmigen Mannes, Ari, bedeutet Biene und Akbaba Geier.

1973 folgte ein Herr Akbaba aus der Türkei dem Ruf Österreichs, ließ seine Stelle als Kriminalbeamter in einem der guten Istanbuler Bezirke sausen und bestieg einen Bus der Linie Bofor-Reisen. Nur mit einem Koffer und dem Wissen, dass er in Europa, dem »großen Berg aus Gold«, Arbeit haben würde. Deutsch konnte der kurdische Türke nicht, St. Pölten kannte er nicht. Aber dort war seine neue Arbeitsstelle am Fließband in einer Textilfabrik.

Vier Monate lebte Akbaba allein in der Fremde und schrieb beständig Briefe an seinen Vater, der solle doch Akbabas Ehefrau nachschicken, damit sie ihm den Haushalt führen möge. Die Frau, Analphabetin bis heute, wollte nicht ihre vier kleinen Kinder in der Türkei zurücklassen und bestand aus Sorge und Trauer über diese für sie so schmerzhafte Möglichkeit des

Nachzugs nicht beim ersten Anlauf den vorgeschriebenen Gesundheitstest.

Doch ihre Schwiegermutter drängte, die junge Ehefrau solle ihrem Mann nachfolgen, sonst würde der eine andere finden und sie stünde mit den Kindern dann ganz allein da. Ein nachvollziehbarer Gedanke von Menschen im ostanatolischen Tunceli, das früher Dersim hieß und durch den Massenmord der türkischen Armee an 60.000 Menschen aus der Minderheit der Aleviten 1937/38 berühmt-berüchtigt ist.

Frau Akbaba gab dem Druck von Mann und Mutter nach und reiste zu ihrem Ehemann nach St. Pölten.

Bald entschied das Paar, wegen besserer Arbeitsmöglichkeiten nach Wien zu ziehen, und kündigte die Bleibe in der niederösterreichischen Landeshauptstadt – ohne in Wien eine Wohnung zu haben. »Zwei Wochen lang schliefen meine Eltern im Auto und das in Schicht. Denn im Schichtbetrieb haben sie auch gearbeitet«, erzählt Eser Ari-Akbaba vom harten Anfang ihrer Eltern im fremden Österreich.

Als in Kaisermühlen eine Einzimmerwohnung mit Wasser und Klo am Gang gefunden war, wurden die Kinder im Alter von sieben Jahren bis acht Monaten sowie die Großmutter aus der Türkei nachgeholt. Herr Akbaba werkte als Hilfsarbeiter und dann als Schlosser und lernte Deutsch auf der Baustelle. »Ali, du kommen, du machen, du gehen«, ahmt seine Tochter die österreichische Unart nach, mit Ausländern in der Nennform zu sprechen, als würden sie die schwierige Sprache dann leichter verstehen. Frau Akbaba schuftete als Putzfrau und in Großküchen.

Eser kam in Wien zur Welt und hatte dauernd Sehnsucht nach der Mutter. Denn diese hatte Rheuma bekommen, so arg, dass sie nicht einmal mehr die Hände öffnen und schließen konnte, und war wochenlang im Krankenhaus. Einer der Lainzer »Todesengel«, jene drei Krankenschwestern, die serienweise alte Patientinnen vergiftet oder erstickt hatten, war auch Betreuerin von Frau Akbaba. Während der sechswöchigen Kur der Mutter »hab ich nur geheult. Und die älteste Schwester, damals keine zwölf, musste den Haushalt übernehmen, kochen und putzen«, erinnert sich die junge, selbstbewusste Österreicherin mit den so wachen Augen und der kupferfarbenen Lockenmähne. Schrecklich sei es damals gewesen, die Mutter nicht da, die älteren Brüder probten den Aufstand gegen den strengen Vater, der in dem patriarchalen anatolischen Gesellschaftssystem selbst nie Liebe von seinen Eltern erfahren hatte. Und alle, die Oma, die Eltern, die sechs Geschwister waren zusammengepfercht in einer winzigen Hausbesorgerwohnung und einer Zimmer-Küche-Unterkunft einen Stock darüber.

»Aber wir Kinder hatten immer die neuesten Sportschuhe und Jeans. Denn die Eltern haben richtig geschuftet. Und alles Geld in die Türkei gesteckt, in ein Grundstück und Haus für die Großeltern und in Grundstücke für sich selber, obwohl sie doch kaum dort waren. Und alles Geld, das für die Ferien gespart wurde, war nach einem Monat weg. Für Geschenke und Geld für die dortige Familie.«

Eser Ari-Akbaba sagt, sie sei immer schon eine kleine Rebellin gewesen und habe bald gewusst, dass sie niemals so abhängig sein wolle wie ihre Mutter von ihrem Mann. Und dass sie sich gern präsentieren wolle. »Ich bin immer vor dem Spiegel gestanden und habe Selbstgespräche geführt. Dann habe ich den Wetterpräsentator Carl Michael Belcredi im Fernsehen gesehen und wusste: Das will ich machen. Auch wenn ich damals noch nicht wusste, was Meteorologie ist.«

Massive Unterstützung kam von der Mutter, die verhindern wollte, dass die Tochter einmal in eine solche Abhängigkeit von einem Mann geraten würde wie sie selbst. »Du machst erst ein Studium, ehe du heiratest«, hieß es zu Hause. Und

Eser wollte auch nie »so werden wie meine Mutter, finanziell so abhängig. Heute ist das ja unvorstellbar.«

Sie absolvierte die Volksschule, Hauptschule, das Gymnasium und schloss als Magistra das Publizistikstudium ab. Dann war sie drei Jahre lang Redakteurin beim multikulturellen Wiener Stadtmagazin *biber*, ehe sie beim ORF landete und seither das Wetter präsentiert. Die Meteorologie hat sie sich selbst beigebracht. »Ich lasse mir erklären, wie das Wetter wird und gebe es dann mit meinen eigenen Worten wieder.«

Nicht bei allen Zusehern stößt die Frau mit dem etwas anderen Aussehen und dem anders klingenden Namen auf Zustimmung. »Ham die kan echten Österreicher g'funden?!«, ahmt Eser Ari-Akbaba nach, was nicht immer in Schönbrunner Deutsch über ihr Engagement beim staatlichen Sender geraunzt wurde. Andere attestieren ihr sehr gutes Deutsch »und Sie haben sicher die Staatsbürgerschaft«. Und dann komme immer irgend ein Aber. »Egal, wie gut ich bin, ich werde nie als eine der ihren akzeptiert werden«, ist sie überzeugt. »Dabei bin ich ja gar keine Zuag'raste«, wie Menschen genannt werden, die nicht in Wien geboren, sondern »zugereist« sind.

Zwei Mal sieben Tage im Monat moderiert sie im ORF, die andere Zeit widmet sie sich ihrem Integrationsverein »Nubigena Wolkenkind« (http://www.nubigena-wolkenkind.at/). In dieser Funktion geht sie regelmäßig mit jungen Flüchtlingen in Schulen, damit die Kinder ab 13 Jahren lernen, dass es gute Gründe gibt, seine Heimat zu verlassen. Ihr Verein soll auch das Bewusstsein hiesiger Kinder fördern, welch wunderbaren Lebensstandard sie im Vergleich zu anderen Weltgegenden haben und was man in Österreich alles erreichen kann.

Ihr berufliches Ziel hat Eser Akbaba erreicht, an ihrem privaten, »nie einen Türken zu heiraten«, ist sie gescheitert. Ihr Mann ist Türke, kurdischer Türke und Kellner in Wien. Vielleicht gebe es da doch etwas, das die angenommene Kultur nicht herstellen könne. »Die Musik, die Gedichte, die Gefühle«, gleitet die Multikulturelle ab in eine Welt, die dem ausschließlich österreichischen Menschen ohne viel Erfahrung in anderen Welten kaum zugänglich ist.

Privat führt die Kosmopolitin (Eigendefinition) »absolut kein Star-Leben«. Und sie kann sich auch »sehr gut vorstellen, woanders zu leben«, irgendwann. Sprach's und macht sich auf zur nächsten Wettermoderation.

»Wenn man in Österreich
etwas erreichen will,
dann kann man das auch.«

Brankica Baričanin, 40, ist Magister in Logistik und Trans-
portmanagement und Back Office Manager in einem großen
österreichischen Lebensmittelkonzern. Die Serbin ist in
Sarajevo geboren und kam zwei Wochen nach Kriegsausbruch
in Bosnien mit einem Touristenvisum nach Wien.

Elf Tage Kriegsbeginn hat die damals 18-jährige jüngste Tochter einer serbischen Familie im ehemals so beschaulichen,
multikulturellen Sarajevo im April 1992 erlebt. Dann fruch-
teten die vielen Anrufe ihrer in Wien lebenden Tante bei der
Familie Baričanin, in denen aus Wien stets die nachdrückliche
Forderung zu hören war: »Schickt's mir die Brani!«

Brankicas Eltern, einfache, aber warmherzige Menschen,
entschieden, ihrer Tochter die Kriegswirren, die Angst, die
materiellen Verluste, den drohenden Verlust von Gliedmaßen
durch die messerscharfen Schrapnells zu ersparen, schlimms-
tenfalls den Verlust des Lebens, und schickten die jüngste
Tochter fort. Die bis dahin behütet bis streng aufgewachsene
Gymnasiastin wurde in einen Bus Richtung Belgrad gesetzt.
»Ich erinnere mich an die Straßensperren, an denen wir von
Bewaffneten aufgehalten und alle Männer aus dem Bus ge-
zerrt wurden«, erzählt die heute 40-Jährige allein erziehende
Mutter eines vierjährigen Sohnes in ihrer geschmackvoll ein-
gerichteten Wiener Wohnung.

Nach Wien kam Brankica Baričanin mit einem Touristenvisum und zwei deutschen Wörtern: Bitte und danke. Drei Jahre

lebte sie in der Erdgeschoßwohnung ihrer Hausbesorgertante, die entschied, dass das Sarajevoer Mädchen einen Beruf erlernen müsse, denn da würde man nebenbei auch Geld verdienen. Geld für die Fortsetzung des Gymnasiums gab es nicht genug in der jugoslawischen Gastarbeiterfamilie. Ins Gymnasium gingen schon die eigenen Kinder. Die Tochter hat ein Studium abgeschlossen und Karriere gemacht. Der Sohn ist selbstständig und Inhaber einer Sportschule.

In ihren ersten fünf Monaten in Wien hat sich das zarte Mädchen Brankica selbst Deutsch beigebracht. Jemand hatte ihr ein Buch aus den 1960er-Jahren geschenkt, in sehr altmodischem Deutsch. »Da stand nicht: Ich bin krank. Da lernte ich: Ich bin leidend«, lacht sie heute herzhaft über ihre ersten Versuche in der Fremdsprache. Sich mit anderen Jugendlichen unterhalten oder einkaufen konnte sie mit ihrem Gymnasium-Englisch.

In der dreijährigen Berufsschule kam sie gut zurecht, unter anderem durch die Hilfe einer »kroatischen Kroatin und einer kroatischen Serbin«. 1995 war Brankica Baričanin Köchin, die Prüfung bestand sie mit Auszeichnung. Zu diesem Zeitpunkt hatte sie auch längst ein unbefristetes Visum für den Aufenthalt in Österreich.

Kaum ausgelernt, begann sie ihre erste Karriere in einer Zeitungskantine. »Da konnte ich tagsüber Geld verdienen und abends in die Maturaschule gehen.« Bald hatte sie auch eine eigene kleine Wohnung, und nach vier Jahren untertags Fleisch oder Fisch braten und Essen ausgeben in der Werkskantine das Zeugnis in der Tasche.

»Mit der Matura hatte sich eine neue Tür geöffnet. Und mein neuer Plan war: Arbeiten abends, studieren tagsüber.« Sie inskribierte Ernährungswissenschaften und landete im Service des Nobellokals Do & Co im 7. Stock des Wiener Haas-Hauses. »Ein internationales Unternehmen mit internationalem Personal. Das Klima war sehr gut, weil man keinerlei Diskriminierung erlebte. In dieser Zeit habe ich unter anderem auch Friedrich Schiller gelesen und nenne die damalige Epoche meine Sturm-und-Drang-Zeit«, erfreut sich Brankica Baričanin bis heute an den Jahren, in denen sie endlich auch einmal über die Stränge schlagen durfte und finanziell auch konnte.

Zwei Semester Ernährungswissenschaften mit viel Chemie und Biologie, wo sie weit lieber etwas über Eiweiße und Kohlehydrate hätte hören wollen, ließen sie auf die TU wechseln. »Ich hatte einen Computer daheim und dachte mir, den kannst du nützen. Und Informatik war damals hipp. Jeder Informatiker war gut angesehen«, lächelt sie mit Schalk in den Augen.

Nach weiteren zwei frustrierenden Semestern wandte sich die unglaublich zähe, zielstrebige Frau von der Uni ab – und einem jungen österreichischen Mann zu. Der forderte sie bald nachdrücklich auf, sie solle etwas lernen. Es folgten: Kündigung bei Do & Co, »kein Luxusleben mehr, vier Jahre mit 600 Euro Stipendium monatlich überleben«. 2007 war sie Magister und richtete eine sehr gelungene österreichisch-jugoslawische Feier in einem Restaurant im ersten Bezirk aus, mit den aus Bosnien angereisten Eltern und Freunden aus beiden Kulturkreisen.

Schlechte Erfahrungen als Ausländerin habe sie nie gemacht, resümiert Brankica Baričanin. »Nur ein einziges Mal hat mich einer beschimpft, ich sei hier Gast und solle mich nicht aufführen.« Da stand ihr Fahrrad dem Urösterreicher bei einem Supermarkt im Weg. Sie habe sich in Wien, das sie architektonisch sehr an Sarajevo erinnert, immer wohl gefühlt. »Ich hatte eigentlich die balkanische ›Kultur‹ satt gehabt und gut gefunden, dass man hier für Leistung entlohnt wird. In Jugoslawien wusste ich, ich würde trotz guter Noten niemals etwas Vernünftiges werden, weil ich keine einfluss-reichen Eltern hatte. Wenn man in Österreich etwas erreichen will, dann kann man das auch.«

Und Wien »ist eine internationale Stadt. Ich kenne sehr viele Leute aus aller Herren Länder. Es sind auch viele Ex-Jugoslawen da. Und es gibt viele Angebote aus diesem Kulturkreis: Küche, Bücherei, Theater, Konzerte. Der Musiker Goran Bregović kommt ein Mal im Jahr. Was will man mehr?!«

In Wien sei sie »unabhängig und frei geworden und ich kann selbst entscheiden, wie ich mein Leben gestalte«. Brankica Baričanin definiert sich als »österreichische Staatsbürgerin, die aus Ex-Jugoslawien kommt. Als Bosnierin habe ich mich nie empfunden, denn das habe ich ja nicht erlebt. Außerdem kann ich mich mit der Art, wie das Land seine Unabhängigkeit erkämpft hat, nicht identifizieren. Die ist nicht zeitgemäß gewesen. Und ich hoffe sehr, dass mein Kind hier eine friedliche Kindheit und Jugend und ein friedliches Alter erleben wird.«

Den österreichischen Pass habe sie hauptsächlich deshalb genommen, weil man mit dem nicht dauernd so streng kontrolliert werde und weil sie sehr gern reist. »Zwei Mal USA, Spanien, Frankreich, Griechenland, Italien, Schweden, Thailand und Kambodscha. Ich habe etwas von der Welt gesehen, nicht nur die Adria. Es gibt ja auch andere Weltmeere und Küsten, die schön sind.« Nach Wien kehre sie aber immer sehr gern zurück. »Weil es meine Heimat ist. Und die schönste Stadt der Welt!«

Dass die Managerin, die beruflich »mit der ganzen Welt kommuniziert«, was ihr sehr liege, bis heute der Mutter Geld nach Sarajevo schickt, bejaht Brankica Baričanin nur auf Nachfrage. Es ist in ihrem Herkunftskulturkreis eine Selbstverständlichkeit, über die man kein Wort verliert. Wobei sie sich bei ihren Aufenthalten in Sarajevo, wie sie betont, fremd fühlt, »weil das durch den Krieg eine andere Stadt geworden ist. Und weil alle Freunde und Bekannten von früher fort sind. Oder tot.«

Dass ihr durch ihre Immigration in Österreich »zehn Jahre quasi entgangen sind, dass ich immer die Älteste war, in der Kochschule, dann an der Uni, das ist eben so«.

Neuerdings merkt sie und bekommt es auch gesagt, dass »ich doch auch anders bin. Viele sagen mir, dass ich doch eine Ex-Jugoslawin bin, wärmer als die Menschen hier. Kann sein. Aber dann denke ich mir, kalte und warme Leut' gibt's überall.«

»In Österreich ist es schwieriger zu sagen, ich trinke keinen Alkohol, als zu sagen, ich bin Moslem.«

Susanne B., 32, Tochter aus einer Liebesheirat zwischen einer Österreicherin und einem Ägypter, möchte nicht mit vollem Namen genannt werden. Seit ihrem vierten Lebensjahr ist die Muslimin österreichische Staatsbürgerin. Sie hat Medizin studiert, arbeitet als Turnusärztin und ist mit einem Österreicher verheiratet.

Sie ist nicht sehr typisch wienerisch aufgewachsen, denn die internationale Schule sei »ein eigener Mikrokosmos« gewesen, erzählt Susanne B. in perfektem Deutsch, weil Deutsch ihre Muttersprache ist, und mit perfektem amerikanischem Akzent, wenn sie ein englisches Wort verwendet. Ihr Ägyptisch sei recht gut, ihr Hocharabisch aber weit weg von fließend.

Typisch wienerisch war zwar nicht die Schule, aber Teile des 22. Wiener Gemeindebezirks, wo sie groß geworden ist, waren es. »Unsere Wohnung war sehr schön. Aber die Häuser dort waren ein großer Kontrast.« In der Schule habe sie keine Schwierigkeiten gehabt als nicht ganz hellhäutige, dunkeläugige Dunkelhaarige. Denn in der Schule gab es Kinder aus aller Herren Länder. Der Weg dorthin allerdings war eine Zeit lang von Skinheads flankiert und von Schmähungen begleitet. Weil die internationale Schule früher begann als die staatlichen Wiener Schulen und Susanne einen Rucksack trug und eben doch nicht zu hundert Prozent urösterreichisch aussah, musste sie sich einmal anhören: »Das Tschuschenkind geht in die Sonderschule.«

Auch im oberösterreichischen Dorf bei der Großmutter vernahm sie Erstaunliches über ihr Aussehen. »Moi, ist die schwarz«, hieß es einmal. »Als Kind fällt dir ja überhaupt nicht auf, dass du anders aussiehst«, analysiert die zarte Frau mit den sprechenden Händen die Eigenwahrnehmung eines kleinen Menschen. »Ich hatte ja schwarze Schwarze gesehen, denn wir hatten welche in der Schule.« Und schwarz war und ist die Jungärztin keineswegs.

Abgesehen von der Hautfarbe war auch ihre Religion anfangs ein Thema. Im katholischen Oberösterreich haben manche, die ihren Vater mit offenen Armen aufgenommen hatten, befürchtet, das Kind werde in die Hölle kommen – weil es nicht getauft ist.

Kopftuch trägt Susanne B. trotz ihrer Religiosität nicht. Es war in der Familie nie Thema. Im Gegenteil, ihr Vater sagte immer, im Koran stehe nicht, dass eine Frau Kopftuch tragen müsse. Und überhaupt sei vieles, was im Koran steht, aus dem damaligen Kontext heraus zu lesen. So auch die Gesichtsverschleierung der Frau. Sie basiere auf der Sure 33, Vers 59, und habe nach allen Überlieferungen einen ganz speziellen Anlass, nämlich die Flucht des Propheten und seiner Gemeinde von Mekka nach Medina. Dort wurden den Flüchtlingen einfache Hütten zur Verfügung gestellt, die Notdurft musste im Freien verrichtet werden. Und weil die Frauen des Öfteren von fremden Männern belästigt worden waren, habe Mohammed folgende Anweisung erhalten: »Oh Prophet, sag deinen Gattinnen, Töchtern und Frauen der Gläubigen, sie sollen ihre Gewänder über sich ziehen, sodass sie wenigstens nicht erkannt und belästigt werden.«

»Dass diese und so viele andere Koranstellen aus Unwissenheit oder gezielt missbraucht werden, ist eine traurige Tatsache«, meint Susanne B.

Als pubertierendes Mädchen allerdings hatte auch sie sich

gefragt, ob das Kopftuch nicht vielleicht sinnvoll wäre. »Es wäre aber eher ein Ausdruck der Uneitelkeit gewesen.« Denn der Unterschied, wie sie sich als 17-Jährige in Österreich wahrgenommen habe und wie in Ägypten, war enorm. »Damals fühlte ich mich auf dem Land in Ägypten sehr wohl. Da war man einfach der, der man ist. Es hatte keine Bedeutung, welche Jeans ich anhatte oder ob ich unreine Haut hatte. Dort hatte ich das Gefühl, ich bin menschlich die bessere Version von mir selbst.«

Heute trägt sie ihr schulterlanges Haar offen und findet das – nicht nur, aber auch – deshalb gut, »weil ich ja sehe, wie schwer es Menschen hier mit moslemischem Kopftuch haben«. Dass Frauen mit Schleier bei Vorstellungsgesprächen schlechtere Chancen haben, erzählt man nicht nur in Ärztekreisen. In christlichen Krankenhäusern, in denen die Nonnen ja auch mit unter Stoff verborgenem Haar herumlaufen, scheinen Musliminnen gar keine Chance zu haben.

Susanne B. sagt, sie sei mit einem sehr positiven Bild von Religion aufgewachsen, »von Gott als jemandem, der mich im Alltag begleitet, an den ich mich wenden kann, der mein Bewusstsein und mein Gewissen gebildet hat. Religionen sind in Wahrheit Umgangsformen im Zusammenleben der Menschen. Und die Regeln dienen eigentlich dazu, so gut wie möglich zu leben, so gesund wie möglich und so lange wie möglich.« Überhaupt zähle »viel mehr, was du als Mensch bist und wie du Gottes Geschöpfe behandelst, als dass du fünf Mal am Tag betest und ein Kopftuch aufhast«.

Alkohol trinkt sie nicht, wiewohl auch das nicht dezidiert im Koran verboten sei. Da heiße es, man dürfe nicht alkoholisiert beten. Und wenn man fünf Mal am Tag bete, könne man kaum trinken und bei allen fünf Gebeten nüchtern sein.

In Österreich sei es »schwieriger zu sagen, ich trinke keinen Alkohol, als zu sagen, ich bin Moslem. Beides scheinen die Menschen hier oft gleichzusetzen mit: du kannst keinen Spaß haben«, sagt die Medizinerin amüsiert über dieses Vorurteil. »Das mit dem Alkohol verstehen die Leute hier noch viel weniger.«

Sie meint, sie habe es ohnehin noch leicht, denn sie könne immer auf den »Oberösterreicher-Schmäh« ausweichen, also auf die hiesige Hälfte ihrer Herkunftsfamilie. Außerdem sei es noch »einigermaßen ein Vorteil, dass ich halbe Ägypterin bin, denn dank der Pharaonen und des Nil haben die Leute hier irgendeinen Bezug zu dem Land«.

Leicht sei es aber auch für sie nicht gewesen, selber herauszufinden, wer sie denn eigentlich ist. Denn »eine Zeit lang habe ich mich in Österreich als Ägypterin und in Ägypten als Österreicherin gefühlt«. Als junger Mensch vergleiche man ständig und da habe sie sich anfänglich mehr zum Geburtsland ihres Vaters hingezogen gefühlt. Damals habe sie geglaubt, in Ägypten gebe es weniger Scheinheiligkeit. Heute sieht sie an der Donau weniger tagtäglich ausgelebte Doppelmoral als am Nil, wo »Menschenrechte mit Füßen getreten werden können, solange jemand genug Geld hat. Das erschüttert mich.«

Heute ist die deutschsprachig aufgewachsene, so höfliche Frau mit ihrem ansteckenden Lachen »erwachsen. Und ich überlege nicht mehr dauernd, wer ich bin.« Ein klarer Unterschied zu typischen Österreichern ist Susanne B.s herkunftsbedingtes stärkeres Interesse an den vielfach so schrecklichen Vorgängen in der arabischen Welt. In Anbetracht von Millionen syrischen und irakischen Flüchtlingen sowie der »schwierigen Verhältnisse« in Ägypten platzt es dann doch aus der sanften Frau heraus: »Glauben die Leute hier denn, dass es lustig ist, Familie und Land zu verlassen?«

**»Der Unterschied
zwischen den Menschen
besteht im Talent,
nicht in der Nationalität.«**

Ruslan Chapkhanov, 32, ist anerkannter Kriegsflüchtling aus Tschetschenien. Er ist Magister der Politikwissenschaften und Doktorand an der Universität Wien und hat sich mit zwei Unternehmen selbstständig gemacht. Mit »RC Study In Austria« repräsentiert er österreichische Universitäten im Ausland wie zuletzt bei einer großen Bildungsmesse in der Ukraine. Außerdem ist er mit seiner »Vienna Business Consulting Group« als Projektentwickler tätig.

In Ruslan Chapkhanovs Gesicht lächeln nicht nur die Lippen, es lächeln immer auch die strahlenden grünblauen Augen mit. Knapp vor seinem 22. Geburtstag ist der junge Mann mit seinem aus sowjetischen Propagandafilmen stammenden deutschen Wortschatz »Hände hoch« und »kaputt« in Wien angekommen. Denn kaputt war seine Heimat Tschetschenien.

Von der Existenz von Österreich wusste Ruslan Chapkhanov nur durch Arnold Schwarzenegger und den Geografieunterricht in der 15.000-Einwohner-Stadt Atschoj-Martan in der damaligen russischen Bürgerkriegsrepublik Tschetschenien im landschaftlich einzigartigen Kaukasus. »Ein Bergbewohner kennt den anderen«, sagt Chapkhanov lachend. Bis heute liebt er die Berge und ist stolzer Besitzer eines 1000-Quadratmeter-Grunds in Lilienfeld im Voralpengebiet.

Ein tschetschenischer Freund, der schon länger in der österreichischen Hauptstadt lebte, hatte dem frisch in Wien gelandeten Ruslan Starthilfe gegeben. Bei ihm konnte er wohnen und als erstes einmal Deutsch lernen.

»Ich bin hergekommen, um zu studieren« – was ihm trotz der so ganz anderen Herkunftskultur in Rekordzeit gelang. Heute ist der Magister der Politikwissenschaften selbstständig und nützt bei seinem Beratungsjob seine Sprachkenntnisse, nebst Tschetschenisch, Deutsch, Englisch und ein wenig Arabisch ist sein Russisch von großem Wert.

Er fühle sich in Österreich zu Hause, sagt er, »weil ich habe ja kein anderes Zuhause«. Auch wenn in Tschetschenien vieles wiederaufgebaut worden sei und man durchaus Geld verdienen könne. Von einer Demokratie ist die kleine russische Teilrepublik unendlich weit entfernt. Auch von freier Meinungsäußerung. Wer eine andere als die vorherrschende politische Meinung vertritt, landet nicht im Gefängnis, sondern verschwindet auf immer.

In Wien sei Ruslan Chapkhanov zum Kosmopoliten geworden. »Ich bin österreichischer Tschetschene und fühle mich als Wiener.« Freunde habe er aus Österreich genauso wie aus anderen Ländern, lache und streite mit den Menschen als Menschen und nicht als Inhaber einer Nationalität oder Zugehöriger einer Religion. Er selbst ist praktizierender Muslim, »aber ich bin kein Richter. Wer redet wie ein Schlüsselhalter vom Paradies, den lehne ich ab.«

Seine Philosophie: Die Menschen seien überall gleich und hätten die gleichen Probleme. Geschätzte 80 Prozent seien überall auf der Welt und egal in welchem politischen System Konformisten. Ein bis zwei Prozent seien richtige Talente, Künstler wie »Bach, Mozart, Freddy Mercury«, sagt der sympathische und gleichzeitig zielorientierte Breitschultrige verschmitzt. Letzteren habe er einmal in Tschetschenien gesehen und damals gehört, der sei schwul, »aber ich hatte zu diesem Zeitpunkt keine Ahnung, was schwul ist«.

Zurück zu Ruslan Chapkhanovs Philosophie: »Wo liegt der Unterschied zwischen den Menschen?«, fragt er rhetorisch und gibt sich selbst die Antwort: »Talent. Nicht Nationalität.« Als der damals 22-Jährige sein Leben in Wien begann, habe sich bald Frage gestellt, wer er denn sei und sein wolle. »Manche aus anderer Herkunft sind das, was sie waren, wenn sie mit ihresgleichen zusammen sind, und Österreicher, wenn sie mit Österreichern zusammen sind. Das ist mir zu stressig. Also habe ich entschieden, Tschetschene zu bleiben, aber ein österreichischer. Und Muslim, ein friedlicher Muslim.«

Ein Treffen mit einem gebürtigen Tschetschenen, der im Gegensatz zu rund 80 Prozent seiner Landsleute absolut nicht traumatisiert wirkt, kann in diesen Zeiten nicht ohne die Frage nach Kämpfern, auch aus Österreich, für die Terrororganisation Islamischer Staat (IS) stattfinden. Ruslan Chapkhanovs Beobachtung von jungen Migranten, die eventuell diesen pseudoreligiösen Rattenfängern auf den Leim gehen könnten: »Sie haben keine Antwort auf die Frage: Wer bin ich? Und zumindest das Gefühl, keine Chance im Leben zu haben – außer einem miesen Job auf der Baustelle wie schon ihre Väter. Und sie haben keinen Respekt, nicht vor ihren Eltern, die nicht Deutsch können, und auch sonst vor niemandem.« Wenn der so sympathische, offene Wiener Tschetschene mit solchen Burschen zusammenkomme, riefen sie ihm gern das entgegen, was sie selber dauernd hören: »Deutschkurs um die Ecke.« Wenn er den Burschen, deren übliche Anrede für einen anderen »Bruder« ist und deren Körpersprache das Rempeln mit der Schulter gegen des anderen Schulter, dann erzählt, dass er einen Universitätsabschluss hat, »kommt ihnen das vor wie ein Märchen«.

Sein Fazit: Wenn österreichische Tschetschenen nach Syrien zur IS reisen, täten sie das, weil sie sich hier nicht akzeptiert fühlen oder es tatsächlich nicht sind. Das ist auch Ruslan

Chapkhanovs Kritikpunkt sowohl an »normalen« Österreichern als auch an österreichischen Politikern. »Ein Khaled, Mohammed oder wie auch immer er heißen mag, sollte nicht 1000 Jahre Khaled oder Mohammed sein müssen. Wer Österreichs Sitten akzeptiert, sollte ›einer von uns‹ sein.«

Die endlose Ablehnung der Fremden sei ein großer Fehler der Politik, und Jugendliche sähen sich dann schnell in einer Sackgasse. Diese Jugendlichen fühlten sich nicht als Tschetschenen und auch nicht als Österreicher. Zur IS gingen sie dann »wie Kamikaze. Zum Sterben. Denn deren Aufrufe, dass sie einen neuen Staat schaffen, das ist ein Traum, das ist nicht die Realität.«

Vor Klischees über die tschetschenische Mordlust ist auch Ruslan Chapkhanov nicht gefeit. Es komme schon vor, dass ein Russe ihn ersuche, gegen ordentliches Entgelt jemanden aus dem Weg zu räumen. Oder ein Türke ihn auffordere, einem anderen Gewalt anzutun, weil der seine Frau angesprochen habe. »Was soll ich da machen? Zur Polizei gehen? Nein, ich mache dann eben Witze über diese Macho-Attitüden.«

Ruslan Chapkhanov hat nie versucht, sich hier seine kleine tschetschenische Welt zu schaffen. »Ich mag keine geschlossene Welt. Ich mag die Vielfalt.« Seine Freunde suche er sich nur nach folgenden Kriterien aus: gemeinsames Ziel oder gemeinsame Interessen.

Nach seinem Privatleben befragt, berichtet er wohl über seine Beziehung. Aber das sei nichts, was in einem Buch stehen soll, nichts für die Allgemeinheit. »Ich bin halt doch ein Tschetschene. Du weißt schon, Männerehre und so«, lacht er und macht sich auf zum nächsten Geschäftstermin. Ausnahmsweise rechtzeitig. Denn das Zuspätkommen, das sei auch so eine tschetschenische Eigenheit, die man nicht so leicht los wird.

»Damals dachte keiner,
dass wir hier jahrelang
würden bleiben müssen.«

Lejla Cokoja, 38, kam mit 15 mit ihrer Tante wegen des Krieges in Bosnien nach Österreich. Die Atheistin aus der Volksgruppe der so genannten bosnischen Moslems wurde als Flüchtling anerkannt. Sie lernte medizinisch-technische Assistentin, studierte dann Medizin, wurde Anästhesistin und österreichische Staatsbürgerin. Sie ist in Salzburg verheiratet, schwanger und hat eine einjährige Tochter, die zweisprachig aufwächst.

In der bosnischen Stadt Konjic am Fluss Neretva war die Lage im April 1992 noch friedlich, als in Sarajevo schon geschossen wurde. Doch was sich in der Hauptstadt anbahnte, wusste die Familie Cokoja vom Onkel, der über die bedrohlichen Vorkommnisse in Sarajevo regelmäßig am Telefon berichtete. Und so entschieden Lejlas Eltern, ihr einziges Kind für drei Wochen mit der Tante nach Slowenien zu schicken. »Ich habe meine Sommersachen eingepackt. Wir dachten, nach drei Wochen würde der Krieg vorbei sein«, erinnert sich die mit ihrer zweiten Tochter schwangere Lejla Cokoja. Doch die Familie irrte gewaltig. Und so zog die 15-jährige Lejla mit ihrer Verwandten für drei Monate nach Split an die kroatische Küste. Und weil der Krieg immer blutiger wurde, mit einem Touristenvisum weiter nach Villach. »Eine Zufallsentscheidung. Meine Tante hatte dort Bekannte. Und wir dachten niemals, dass wir Jahre von Bosnien wegbleiben würden. Erst verlängerten wir unsere Touristenvisa bis Silvester, dann bis

1. Mai. Und dann wurde klar, dass wir bleiben und ich hier in die Schule gehen würde.«

Damals konnte Lejla kein Wort Deutsch. Man setzte sie in der Klasse neben eine Schulkollegin, die slowenisch sprach, »aber das nützte mir wenig, denn Slowenisch verstand ich nicht«. Inzwischen waren Tante und Nichte als Flüchtlinge anerkannt. »Das war noch vor der ersten großen Flüchtlingswelle und ging problemlos, denn alle waren damals sehr hilfsbereit.« Im Villacher Gymnasium war Lejla das einzige Flüchtlingskind, ja überhaupt die einzige Ausländerin. Bis zum Herbst gab man ihr Zeit, alle Prüfungen nachzuholen. Lejla erfuhr viel Druck, aber auch enorme Unterstützung. »Die Mathematiklehrerin hat mir kostenlos Nachhilfe gegeben. Und obwohl mein Deutschaufsatz voller Fehler war, bekam ich eine Vier«, erinnert sie sich.

»Mit meinem heutigen Bewusstseinsstand würde ich das nicht noch einmal schaffen wollen. Aber damals war es für mich eine Chance. Ich dachte mir, entweder ich mache das jetzt oder ich habe nichts von der Zeit in Österreich.« Vom Krieg in Bosnien sei sie völlig abgeschieden gewesen. Bemerkbar war er einzig, weil sie ihre Eltern nicht sehen konnte.

Nach dem ersten Sommer in der Fremde war Lejlas Deutsch gut. Aber nicht gut genug, um alles auch in seiner möglichen Zweitbedeutung zu verstehen. »Der Geografielehrer hat mich einmal in seiner Stunde gefragt: ›Kommst du mit?‹ und ich habe geantwortet: ›Wohin?‹«, kann sie heute lachen über anfängliche Verständnisschwierigkeiten in ihrem Dasein in Österreich.

Anfangs lebten die beiden Frauen von den Ersparnissen der in Bosnien als Geschäftsfrau tätig gewesenen Tante, dann zog auch der Onkel zu ihnen und die Tante begann, als Serviererin Geld zu verdienen. Der Onkel fand durch die Eltern von einer der Schulfreundinnen Lejlas einen Job als Glaser.

1996 hat Lejla Cokoja maturiert. Da herrschte in Bosnien wenigstens kein Schießkrieg mehr. Und ihre überaus optimistischen Eltern wollten, dass sie zurück ins in aller Hinsicht zerstörte Nachkriegsbosnien kommen solle. Doch sie wollte nicht. »Ich hatte zwar in Ex-Jugoslawien eine sehr glückliche Kindheit. Aber ich hatte immer den Wunsch gehabt, mehr zu sehen und mehr zu erleben. Und so sagte ich meinen Eltern, lasst mich hinaus in die große weite Welt.« Sie wollte in Österreich bleiben, obwohl mit dem Friedensabkommen von Dayton Ende 1995 der Flüchtlingsstatus für Bosnier in Österreich erlosch und die junge Frau bei den Behörden um einen Aufenthaltstitel vorstellig werden musste.

Da ihre Freundinnen und Freunde aus Villach zum Studium nach Wien gingen, zog auch Lejla Cokoja in die Bundeshauptstadt und machte die Aufnahmeprüfung an der medizinisch-technischen Akademie zur MTA (medizinisch-technische Assistentin). Zwei Paare, Eltern von Schulkolleginnen, unterstützten sie die drei Jahre Ausbildungszeit hindurch mit 1000 Schilling monatlich und haben das Geld nie zurückgefordert. Den Rest zum Leben finanzierte sich die junge Bosnierin mit kleinen Jobs wie Babysitten.

Zu diesem Zeitpunkt hatte sie bereits ein Studentenvisum und eigentlich eine Jobgarantie in der Tasche, denn die MTA wird von der Stadt Wien finanziert und es werden nur so viele Personen ausgebildet, wie auch gebraucht werden. Ihre Diplomarbeit schrieb Lejla Cokoja am AKH, dem größten österreichischen Krankenhaus, in Mikrobiologie.

»Die hätten mich auch sofort behalten und ich hätte sofort arbeiten können. Aber dann stellte sich heraus, dass das mit einem Studentenvisum unmöglich ist. Und ein Arbeitsvisum bekam ich nicht, trotz der Bemühungen aller möglicher Leute.«

Damals habe sie gedacht, »meine Welt geht unter. Doch im Nachhinein betrachtet war es das Beste, was mir passieren konnte.« Denn mangels Arbeitsmöglichkeit begann sie, Medizin zu studieren und wurde wissenschaftliche Mitarbeiterin am AKH, was auch ohne Arbeitsvisum erlaubt ist, und war damit geringfügig beschäftigt.

Nach acht Jahren in Österreich erhielt Lejla Cokoja die österreichische Staatsbürgerschaft, weil sich Menschen für sie einsetzten, wie sie in ihrer neuen Heimat überhaupt unendlich viel Hilfsbereitschaft erfahren habe. Sie machte das Doktorat und danach die Facharztausbildung zur Anästhesistin.

Heute meint die positiv denkende Ärztin, sie sei die ersten Jahre »wie im Schock gewesen. Ich habe einfach funktioniert. Noch einmal möchte ich so etwas nicht mehr machen. Aber ich hatte keine Wahl. Zurückgehen in den Krieg oder eben lernen.« Als Bosnierin fühle sie sich nicht, sondern als Kosmopolitin. »Ich bin in Ex-Jugoslawien aufgewachsen. Und ich komme mit den dortigen Veränderungen nicht zurecht.«

Wohl hat Lejla Cokoja das von ihrem verstorbenen Vater geerbte Haus renoviert. Und sie war im Sommer mit ihrer kleinen Tochter dort, »damit sie weiß, wo ich herkomme. Ich spreche mit ihr serbokroatisch, denn ich würde es mir nie verzeihen, wenn meine Kinder nicht meine Muttersprache könnten. Auch wenn ich selber vollkommen entwurzelt bin. Denn das Land, in dem ich aufgewachsen bin, das gibt es nicht mehr.« Ihre Freunde seien in der ganzen weiten Welt verstreut und man halte über Skype und e-Mail Kontakt.

Am ehesten fühlt sie sich in Wien zu Hause, auch wenn sie nun schon seit eineinhalb Jahren in Salzburg lebt. Denn ihr Mann, Wiener und ebenfalls Mediziner, ist Extremsportler und brauche die Berge. »Aber ich vermisse Wien. Ein Frühstück am Naschmarkt, entspannen im Museumsquartier. Ich glaube, ich vermisse sogar das Granteln der Wiener. Und ich vermisse die Multikulturalität. In Wien ist doch jeder Zweite schon von irgendwo anders her.«

»Ein intelligenter Mensch denkt ja nach, ehe er etwas sagt. Aber die Dummen würde ich gern sehen, wie die schauen würden, wenn die Menschen mit Migrationshintergrund nicht da wären!«

Sedat Kaynak, 48, ist in Istanbul geboren und kam als Achtjähriger nach Wien, da sein Vater das Angebot des Staates Österreich, als Gastarbeiter zu arbeiten, angenommen hatte. Seit Ende der 1980er-Jahre ist der Familienvater österreichischer Staatsbürger. Er ist selbstständiger Installateur und hat derzeit 15 Angestellte.

Dass aus dem Türken Sedat Kaynak ein Österreicher wurde, lag am Bedarf an Arbeitskräften in den 1970er-Boom-Jahren. Damals hat sich sein Vater in Istanbul als Gastarbeiter gemeldet – für Deutschland. »Er hatte zwar Arbeit und wir mussten nicht weg«, erinnert sich Sedat Kaynak. Aber der Vater, ein Lastwagenfahrer im Raum Istanbul, hatte gehört, dass der Verdienst im Westen besser sei. Es wurde dann nicht Deutschland, sondern Wien, »und das war gut für mich, weil Wien zehntausend Mal schöner ist. Wien ist einzigartig«, schwärmt der schlanke, groß gewachsene Mann mit dem dicht gefüllten Kalender noch immer von seinem Hauptwohnsitz.

Sein Vater durchlebte hier eine typische Gastarbeiterkarriere: Mit dem Bus angereist, Männerheim, bei diversen Firmen gearbeitet, die Arbeit schwer und schmutzig. Und die Vorarbeiter redeten mit dem Türken in den so typischen grammatikalisch falschen Nennform-Sätzen.

Ein Jahr nach der Ankunft in Österreich holte der Alevit seine sunnitische Frau nach, den ältesten Sohn, die mittlere

Tochter und Sedat, den Jüngsten. »In Istanbul haben wir bescheiden gelebt, wohl in einem eigenen Haus, aber in einem kleinen Drei-Zimmer-Haus. Meine Mutter war Hausfrau. Wir hatten keine Spielsachen, haben mit Murmelsteinen und Kronenkorken gespielt und uns Drachen selber gebastelt. Spielzeugmäßig waren wir schwach besetzt«, sagt Sedat Kaynak lachend. »Aber wir waren glücklich.«

In Wien war es für die Familie schwierig, eine Wohnung zu finden. »Für Ausländer ist eigentlich fast alles schwierig.« Im 20. Bezirk seien sie untergekommen, »Zimmer, Küche, Bad, WC am Gang, wie sich's gehört«, schmunzelt er über die Zeit der zahllosen Substandard-Wohnungen in der ehemaligen Kaiserstadt, die man den Zuwanderern vermietete, denn Österreichern hätte man sie nicht mehr zumuten können. Zu fünft seien sie auf 29 Quadratmeter untergekommen und mussten sehr bald wieder ausziehen. »Das war Chaos damals, wenn man kein Wort versteht.«

In der Schule war Sedat der einzige Ausländer. Aber die Lehrerin war sehr nett und sagte dem Buben, er solle nach dem Unterricht da bleiben, damit sie ihm Deutsch beibringen könne. »Das ist ein Tisch, das ist ein Sessel«, so begann Sedats Einführung in die fremde Sprache. Seine Freunde waren alle Wiener und so hat er »die Sprache im Nu gelernt und ich bin nie sitzengeblieben«. Seine Eltern lernten Deutsch nicht in Kursen, sondern durch das Umfeld, die Mutter, die ihre Wiener Karriere als Putzfrau begonnen hat, besser als der Vater.

Es gebe viel, was man als Ausländer so erlebe. Sedat war bald der »Tschusch«, denn viele Inländer würden Ausländer pauschal mit diesem alten Schimpfwort für Jugoslawen bedenken. Einmal sei er an einem Café vorbeigekommen, da seien ein paar inländische Jugendliche gesessen und hätten laut gesagt: »Na, schau dir den Tschuschen an.« »Ich bin sofort zurück und habe denen auf Wienerisch die Meinung gesagt. Da waren sie ruhig.« Er habe oft erlebt, wenn sich ein Zugezogener in einer Konfrontation mit einem Österreicher nicht wehrt, dass dann der Österreicher »immer mehr aufdreht. Aber wenn man einmal zurückredet, Gas gibt, dann sind sie klein.« Aber man merke sich diese Herabwürdigungen sehr wohl.

Nach der Hauptschule wollte Sedat Kaynak Radio- und TV-Mechaniker lernen, »aber mit meinem Migrationshintergrund nahmen sie mich nicht«. Der Versuch als Installateurlehrling jedoch klappte sofort. Der junge, fleißige Mann machte nach vier Jahren die Lehrabschlussprüfung. Zwölf Jahre blieb er in der Firma, ging dreieinhalb Jahre lang jeden Abend von 18 bis 21 Uhr in die Meisterschule, machte Überstunden und verdiente »sehr gut. Sehr, sehr gut. Ich hab' damals einen fetten Mercedes gehabt und wollte das Leben genießen. Aber ich war auch nicht der faule Typ.«

Und er habe es immer schon in sich gehabt, selbstständig zu sein und Geld zu verdienen. Als Sechs- oder Siebenjähriger habe er sich bereits die ersten Lira verdient. Wenn in Istanbul Politiker Reden hielten, ging Sedat mit einem Behälter herum und verkaufte den Zuhörern das Wasser daraus. Später in Wien sammelte er im Augarten leere Bierflaschen, brachte sie ins Geschäft zurück und besserte sich so sein Taschengeld auf.

Wegen dieses Drangs nach Selbstständigkeit absolvierte Sedat Kaynak die Konzessionsprüfung. Und weil sein Aufstieg in der Firma nicht so rasch vonstattenging wie versprochen, kündigte er in aller Freundschaft, mietete 1990 sein erstes Geschäftslokal und gründete seine eigene Firma. Auf die Abfertigung habe er verzichtet, »aber die kam dreifach zurück, denn ich wurde Subunternehmer der ehemaligen Firma«. Damals sei er eigentlich schon Österreicher in der Seele gewesen. Das spürte er bei Aufenthalten in der Türkei. Aber: »Die Menschen dort sind glücklicher, obwohl sie weniger haben.« Istanbul sei so lebendig und pulsierend und habe etwas Anziehendes und

Sedat Kaynak ist fünfmal im Jahr dort und besitzt ein Ferienhaus bei Marmara. Er hat auch eine Istanbulerin geheiratet, die er in Marmara kennengelernt hatte. Seinem Vater habe das weit besser gefallen als die Wiener Freundinnen, denn eine Türkin, die versteht uns, habe der Vater gesagt. Er sei glücklich mit seiner Frau, sagt er und man glaubt es ihm sofort. Vier Jahre hätten sie gewartet, dann Kinder bekommen. Die erstgeborenen Zwillinge studieren, der eine Wirtschaft in Melbourne, Australien, der andere Jus in Wien. 2001 kamen Drillinge auf die Welt. Zwei gehen in ein katholisches Gymnasium, einer starb an Krebs. »Eine Wunde, die nie verheilt.«

Sedat Kaynak ist halber Kurde und Alevit. Wie miserabel Aleviten, immerhin 15 Millionen Menschen in der Türkei, behandelt werden, vergleicht er mit der Zeit von Hitler, »als jüdische Häuser markiert wurden«. Solches habe sich auch in der Türkei zugetragen. Für die Mehrheitsbevölkerung der Sunniten gelten sie als Abtrünnige, weil sie an den Propheten Ali glauben. »Kopftuch, Moschee gehen, Alkohol- und Schweinefleischverbot, das gibt es alles nicht. Bei uns heißt es: Wenn dir nicht graust, dann iss es. Bei Alkohol sagt man: Nur so viel, dass du niemandem schadest.«

Sedat Kaynak empfindet sich als Weltbürger, »aber ich bin ja doch in dieser türkischen Kultur aufgewachsen und da ist sicher viel dabei, das mir gefällt. Die Alten werden sehr respektiert bei uns. Und wir tun das Möglichste für die Kinder und schmeißen sie nicht mit 18 raus.« Auch in der hiesigen Kultur gefalle ihm viel. Erst kürzlich war er bei einer Weinweihe, das sei sehr schön gewesen. »Es gibt überall etwas, das einem gefällt.« Und der Wein sei schließlich auch von Gott gemacht, meint er augenzwinkernd.

Das Leben mit einem fremdländischen Namen sei allerdings immer eine Hürde in Österreich. Und es gebe nicht wenige Migranten, die würden ihren Kindern westliche Vornamen geben, damit sie es leichter hätten, das stört den Unternehmer, »denn man ist, wer man ist«. Und hier sei man »ewig« einer mit Migrationshintergrund.

»Was mich ärgert: Ich rede mit jemandem normal Dialekt, der antwortet im Dialekt und plötzlich redet er nach der Schrift. Glaubt der, ich kann nicht Deutsch?« Umgekehrt gibt es Leute, die würden ihn fragen, wo er denn Türkisch gelernt habe. In seinem Umfeld sei er nicht Mensch zweiter Klasse, »aber ich sehe ...« Sedat Kaynak unterbricht sich: »Meine großen Kinder sprechen fünf Sprachen, waren im Lycée und studieren!«, kommt es aus ihm heraus.

Für diese Entwicklung danke er immer noch seinem Vater, »dass er uns hierher gebracht hat. Hier hatten wir andere Möglichkeiten.« Wiewohl sich Sedat Kaynak sicher ist, dass er es auch in der Türkei zu etwas gebracht hätte. Seine Schwester, die in Wien einen Türken kennengelernt hatte, ist vor 19 Jahre zurückgegangen nach Istanbul.

Zum türkischen Präsidenten Erdoğan fällt Sedat Kaynak nichts Gutes ein. Seine Frau, die bei ihm im Betrieb mitarbeitet, engagiert sich politisch. Seit Türken in Europa bei türkischen Wahlen ihre Stimme abgeben können, ist sie Österreich-Chefin der vom ersten Präsidenten Atatürk gegründeten und somit ältesten türkischen Partei CHP. Sie ist die wichtigste Oppositionsfraktion in Recep Tayyip Erdoğans Reich und Teil der Sozialistischen Internationale.

Auch zur Politik in Österreich hat Sedat Kaynak eine klare Meinung. »Ein intelligenter Mensch denkt ja nach, ehe er etwas sagt. Aber die Dummen würde ich gern sehen, wie die schauen würden, wenn die Menschen mit Migrationshintergrund nicht da wären!« Nachsatz: »Die Menschen sollten aufwachen und nicht irgendwelchen Populisten und Verhetzern glauben und ihre Stimme geben.«

**»Ich kann der Gesellschaft zeigen,
dass wir keine Kriminellen sind
und nicht ihr Steuergeld aufessen.«**

Adalat Khan, 49, ist in Pakistan geboren. Er wurde als säkularer politischer Aktivist von den Taliban bedroht und ist mittels Schleppern nach Europa geflohen. Nach einer fast zehnjährigen Odyssee in Europa und seinem Kampf für Rechte für Asylwerber als Sprecher der »Votivkirchen«-Flüchtlinge wurde er im Sommer 2014 als politischer Flüchtling anerkannt. Er ist angestellt als Maler und Anstreicher bei der Caritas.

Adalat Khan hat seine Papiere immer bei der Hand. Weiß er ein Datum nicht genau, springt er in seiner Wohnung in Wien Penzing, in der ihm kein einziges Möbelstück gehört, auf und schaut nach. In seinem jüngsten staatlichen Dokument, dem Flüchtlingspass, steht: »Dieser Reisepass gilt für alle Staaten der Welt ausgenommen: Pakistan«. Nach seiner Beschwerde an das Bundesasylamt in Wien nach erstmaliger Ablehnung seines Asylantrags heißt es in seiner Anerkennung in typischem Amtsdeutsch, dass »der Beschwerdeführer aufgrund seiner politischen Tätigkeit seitens der Taliban verfolgt werde«.

Die Verfolgung erlebte der hagere Sunnit aus dem Volk der Paschtunen, seit die Taliban das Swat-Tal, früher »die Schweiz« Pakistans und Magnet für pakistanische wie internationale Touristen, eroberten. Aus ethnischen, religiösen und aus Sicherheitsgründen war er von einem Tag auf den anderen gefährdet. »Meine Familie kämpfte politisch gegen die Taliban. Wir sind säkular. In eine andere pakistanische Stadt zu gehen, wäre nicht möglich gewesen. Ich stand auf einer

147

schwarzen Liste.« Außerdem betrachteten ihn »die Pakistani als Afghanen und die Afghanen als Pakistani«, denn seine Vorfahren waren vor Jahrhunderten aus Afghanistan ins heutige Pakistan gewandert. 2005 musste Adalat Khan Hals über Kopf fliehen, denn mehrere Mitglieder seiner Partei wurden von den Taliban per Kopfschuss »gerichtet«. Ein Cousin wurde bis in die Millionenstadt Karachi verfolgt und umgebracht.

In seiner früheren Heimat war Adalat Khan Vorsitzender der AWAMI-Partei in seinem Heimatdorf Barabandi. In derselben Partei war auch der Vater der Friedensnobelpreisträgerin 2014, Malala Yousafzai, aktiv. Malala wohnte keine sechs Kilometer von den Khans entfernt. Sie wurde weltbekannt, weil sie die Taliban wegen Schulbesuchs in den Kopf geschossen hatten. Für Adalat Khan, der sich ebenfalls gegen die Taliban und ihre mittelalterliche Ideologie stemmte, interessierte sich zehn Jahre lang kein Mensch. Außer die Polizei.

In Pakistan gehörte er der oberen Mittelschicht an. Seine Familie hatte Äcker im fruchtbaren Swat-Tal, dem Tal mit der »Erde wie Gold«. Die Familie verkaufte ihre agrarischen Produkte, »riesige Zwiebeln, wie ich sie hier nie gesehen habe, und riesige Kartoffeln« sowie anderes Gemüse und Obst, auf Märkten in großen pakistanischen Städten. Der zweite Teil der Familie hatte eine Ziegelei mit bis zu 1500 Arbeitern und ein gutes Leben, bis die Taliban alles zerstörten.

Für den politischen Aktivisten wurde die Bedrohung so groß, dass er nicht – wie sein jüngster Bruder – an der kanadischen Botschaft um Asyl ansuchen konnte, das der auch für sich und seine Familie erhielt. Im Gegensatz zu den USA oder Kanada anerkennt Österreich nur rund ein Prozent der Pakistanis als Flüchtlinge. Sechs Monate Warten bis zur Erteilung eines amerikanischen oder kanadischen Visums konnte der fünffache Familienvater Khan nicht riskieren. Zu Fuß und per Lkw schlug er sich illegal in den Iran durch und mithilfe von Menschenschmugglern weiter in die Türkei und von dort nach Griechenland.

»Seit meiner Flucht 2005 bis heute habe ich 10.000 Kilometer zurückgelegt und meine Familie mehr als 30.000 Euro gekostet«, errechnet er. Eine enorme Summe, wenn auch nichts im Vergleich zu den 300.000 Euro, die seine Familie aufbringen musste, um einen von den Taliban entführten Cousin freizukaufen. Aber doch sehr viel in Anbetracht der durch den Taliban-Terror schlechter gewordenen Wirtschaftslage in der Swat-Region.

In Athen hielt sich der politische Kopf Khan als Tankwart, Autowäscher, Pizzaverkäufer über Wasser sowie auf Baustellen und, wie er lachend erzählt, als Maler und Anstreicher. Ein Beruf, den er erst in Griechenland aus der Not heraus erlernt hat.

Seine Kinder hat der höfliche, zurückhaltende Adalat Khan vier Jahre nach seiner Flucht das erste Mal wiedergesehen – im Internet. Vorsichtig sind diese Kontakte, selten, und ohne wichtige Dinge zu besprechen. »Zehn Jahre lang wartet meine Frau auf mich. Und ich auf sie«, fügt er an. Der zweitälteste Sohn, der in Karachi eine Physiotherapieausbildung beendet hat, wechselt bis heute aus Sicherheitsgründen alle drei Monate die Unterkunft.

Adalat Khans Jahre in Athen waren geprägt von ewiger Angst, von der Polizei verhaftet zu werden. Von Willkür und Polizeiprügel, durch die sein rechtes Ohr taub geworden ist. Und geprägt von Scham, dass er der Familie kein Geld schicken konnte, sondern vielmehr Geld kostete. »Nach acht Jahren war ich so hoffnungslos in diesem europäischen System, wo ich ständig zwischen legal und illegal im Kreis geschickt wurde, dass ich zurück nach Pakistan wollte.« Er ging, wieder illegal, in die Türkei. Als er dort angekommen war, erreichte ihn aus dem Swat-Tal die Warnung, ja nicht nach Hause zurückzukehren. 6000 Euro zahlte er Schleppern, um es nach Italien zu schaffen. Nach Tagen, versteckt in einem Lkw-Container, warf ihn der Fahrer mit der Behauptung aus dem Wagen, er sei in Deutschland.

Als Polizisten auftauchten, fragte er sie, ob das hier Deutschland sei und erfuhr, dass er in Österreich gelandet war. »Ich wusste nur aus Geschichtsbüchern, dass Österreich existiert. Und wir haben es meist mit Australien verwechselt.« Die Polizei brachte den Flüchtling auf die nächste Wache, nahm ihm die Fingerabdrücke ab und schickte ihn ins Erstaufnahmelager Traiskirchen. Das war im Mai 2012.

Traiskirchen war damals brechend voll »und ich habe Paschtunen getroffen, die acht, neun Jahre auf ihren Asylbescheid gewartet haben. Nach einer Weile hat man mich nach Gmünd verfrachtet in ein uraltes Lager mit schaurigen Zuständen: Vier Tage in der Woche gab es zwei Mahlzeiten, drei Tage in der Woche überhaupt nur eine Mahlzeit am Tag. Und furchtbare Sanitärräume.«

Adalat Khan, dessen Gesundheit damals schon sehr angegriffen war, vertrug das Essen nicht. Seine Familie schickte wieder Geld, er mietete sich mit ein paar anderen Hoffnungslosen in einem Mietshaus ein. Zufällig sah er im Fernsehen einen Bericht über Proteste im Lager Traiskirchen »und da startete ich meinen politischen Kampf«.

Gemeinsam mit rund 80 anderen Asylwerbern wanderte er nach Wien, erst in den Park vor der Votivkirche, dann in die Votivkirche, und wurde der besonnenste Sprecher dieser Flüchtlingsbewegung, die es zumindest schaffte, Schlagzeilen zu machen.

Nervlich am Ende war er und hat damals um gut zehn Jahre älter ausgesehen. Wochenlang harrten die Männer in der eiskalten Votivkirche aus, ehe sie die Caritas überzeugen konnte, in das wärmere Servitenkloster zu wechseln. Noch in der Votivkirche mit dem mitunter betrunkenen Pfarrer hatte Adalat Khan von einer österreichischen Familie, die die Männer unterstützte, eine Visitenkarte erhalten. Heute wohnt er in der Erdgeschoßwohnung von deren Otto-Wagner-Villa direkt am Wienerwald – fast wie im Swat-Tal. »Vor mir hat hier eine kosovarische Flüchtlingsfamilie gewohnt, davor eine bosnische. Die kommen meine Quartiergeber noch heute regelmäßig besuchen. Diese Menschen sind wundervoll und wurden meine neue Familie.« Und als wären es seine Kinder, zeigt er die Fotos der Kinder seiner Vorgänger auf dem Wohnzimmerregal in der Einliegerwohnung.

Jahrelang hat Adalat Khan nicht so gestrahlt, hatte große Magen- und Nervenprobleme gehabt. Jetzt zeigt er seinen Medizinschrank mit den zwei Dutzend angebrochenen Tablettenpäckchen und sagt zufrieden, »keine Tranquilizer mehr. Überhaupt keine Tabletten mehr«. Er habe »ein zweites Leben bekommen«, durch die Anerkennung als Flüchtling, durch seine Gastgeberfamilie und durch seinen Job. Innerhalb einer Woche hatte der sehr gut vernetzte Adalat Khan, als er endlich eine Arbeitserlaubnis hatte, drei Jobangebote: in einem indischen Restaurant, in einer amerikanischen Fastfood-Kette und in einem Haus für behinderte Kinder der Caritas.

Die Caritas, lange Zeit Betreuer der »Votivkirchler«, wurde sein Arbeitgeber und er macht, was er in Griechenland am Bau gelernt hat: ausmalen. Aber auch gärtnern und sich mit den Kindern in den Caritas-Häusern beschäftigen. Die Kommunikation mit ihnen falle ihm sehr leicht, »die können ja auch nicht sprechen. So wie ich. Wir sprechen in der internationalen Sprache miteinander.« Mit Händen, Füßen und mit Herz. Dreimal wöchentlich besucht der nunmehrige Angestellte Khan einen Deutschkurs, aber es werde noch dauern, bis er sich auf Deutsch werde unterhalten können. Auf Englisch sagt er: »Die Gesellschaft nimmt Flüchtlinge als Kriminelle wahr.

Ich kann den Österreichern jetzt zeigen, dass wir Flüchtlinge nicht deren Steuergeld aufessen wollen, sondern selbst arbeiten. Und denen helfen, die Hilfe brauchen.«

Am Kühlschrank klebt sein Porträt aus einem der Protestmärsche mit der Aufschrift: Ich will bleiben. »Ich würde gern zurück ins Swat-Tal. Ich vermisse meine Region und meine Familie.« Aber das lasse die Lage in Pakistan nicht zu. Er bemüht sich nun, seine Frau nach Wien nachkommen zu lassen. Drei seiner Kinder sind erwachsen und haben eine gute Ausbildung. Die Zwillinge sind 16 und auf gutem Weg.

In seiner ebenerdigen Küche mit den vergitterten Fenstern und einem Plastikhirschen als Uhr an der Wand bietet Adalat Khan afghanisches Brot an, serviert pakistanischen Tee und resümiert: »Zehn Jahre war ich total hoffnungslos. Aber in meinem neuen Leben bin ich hundertprozentig glücklich. Und endlich frei.«

»Unwissen
macht die Leute
gefährlicher.«

Mira Kozomarić, 54, ist in Serbien geboren, römisch-katholisch, aber nicht getauft und nicht gläubig, und mit einem Serben aus Bosnien verheiratet. Sie hat in Bosnien gelebt und kam wegen des Kriegsausbruchs im April 1992 mit ihren beiden Kindern nach Wien. Die Diplomkrankenschwester arbeitet in ihrem erlernten Beruf in einem Wiener Krankenhaus.

Die Kozomarić waren eine typisch multiethnische Familie in der Kleinstadt Teslić in Zentralbosnien: Saša Kozomarić, 55, ist Serbe, Mira ist in Serbien geboren, aber nach der Papierform katholisch, wenn auch nicht getauft, daher würde man sie als Kroatin bezeichnen, und beide lebten in Bosnien. Ihre Sprache, das frühere Serbokroatisch, nennen sie wie so viele nicht-nationalistische Ex-Jugoslawen »unsere Sprache«.

An der Wiener Wohnzimmerwand hängen eine Gipsbüste von Tito und ein Bild der alten Brücke über die Neretva in Mostar. Den Rest des Heimatlandes trägt Mira Kozomarić in sich – und in der Geschichte einer Flucht und eines Neubeginns.

»Mein Aufenthalt in Österreich war so geplant: Ich würde kurzfristig mit den Kindern weggehen, bis sich die Lage beruhigt haben würde, und so habe ich mir drei Monate Urlaub genommen.« Das war im April 1992. Tochter Divna war damals neun und hat heute einen Magister und einen Bachelor in Wirtschaft. Sohn Uroš war 20 Monate alt. Heute ist er Jusstudent und Absolvent einer Hotelmanagementschule.

»Ich hatte einen kleinen Koffer mit, die Kinder ihre kleinen Rucksäcke«, erinnert sich Mira Kozomarić an Ostern 1992. Ihr Mann, Mitinhaber und Geschäftsführer der einzigen Druckerei von Teslić, sollte bleiben und sich um den Besitz sowie die Arbeitsplätze der Mitarbeiter kümmern in der Stadt, in der zwei Drittel der Familien »durchmischt« waren – bis der Nationalismus die Menschen zwang, irgendwo zugehörig zu sein. »Ich hatte mich dort nie fremd gefühlt, obwohl ich eingeheiratet habe«, versichert Mira Kozomarić.

Das erste Problem bei ihrer Abreise war, ob der Bus überhaupt fahren und wenn ja, welche Route er nehmen würde, denn in der Nähe von Teslić gab es bereits Kämpfe und Frontlinien. »Wir im Zentrum haben davon nichts mitbekommen. Nur, dass eines Nachts ein Kardiologe von zu Hause abgeholt und in den Wald gebracht wurde, um serbischen Flüchtlingen aus Kroatien beizustehen. Und im Zentrum wurde die Konditorei eines Albaners in die Luft gesprengt.« Da hatte eine Ärztin zu ihr gesagt, »Mira, das wird hier nicht gut gehen«.

An der Grenze zwischen Bosnien und Serbien sahen die Busreisenden uniformierte, bewaffnete Männer »und ich hatte fürchterliche Angst. Von Novi Sad sind wir mit dem Zug weitergereist. Sie haben alle jungen Männer aus den Waggons geholt.«

Am Wiener Westbahnhof wurden Mira Kozomarić und ihre Kinder von ihrer seit 1971 in Wien lebenden Schwester abgeholt und in deren Wohnung untergebracht. »Wir haben täglich mit Saša und den Großeltern telefoniert und ich hatte noch immer so etwas wie Urlaubsgefühl.« Erste Tränen flossen am 1. Mai, einem Festtag im ehemaligen Jugoslawien, als Mira Kozomarić von ihrem Mann am Telefon ihre Lieblingslieder vorgespielt bekam und sie »nur nach Hause« wollte. Die Stadt Teslić war zu diesem Zeitpunkt schon von Paramilitärs umstellt, eine Ausgangssperre verhängt und Saša Kozomarić von den neuen Machthabern dazu verdonnert, ihr Propagandamaterial zu drucken.

Zwei Wochen später meldete er sich in Wien und teilte seiner Frau mit, dass sie gekündigt worden sei, weil sie ihrer Einberufung im Krankenhaus nicht Folge geleistet habe. »Das war unser letztes Telefonat. Und anhand der Fernsehbilder wurde mir klar, dass das kein Urlaub mehr war. Ich konnte zwar die Worte nicht verstehen, da ich in der Schule Russisch und nicht Deutsch hatte. Aber die Bilder habe ich verstanden.« Auch Tochter Divna verstand, was da zu sehen war. »Ich bin damals oft heimlich auf die Toilette gegangen und habe dort geweint, damit die Kinder es nicht mitkriegen.«

Nach Wochen der Ungewissheit kam ein Anruf eines Polizisten aus Belgrad, dass ihr Mann auf dem ersten erlaubten Flüchtlingskonvoi sein werde. Er wollte nicht dabei sein, wenn Serben auf andere schießen. »Uns war immer wichtig, dass einer ein Mensch ist, nicht was er ist und welche Religion er hat. Oder welche Hautfarbe. Dennoch bekam mein Sohn später in Wien in der Schule, als die Kinder seinen Namen als serbisch erkannten, zu hören: Dein Vater ist Serbe, der hat so viele Leute umgebracht«, erzählt Mira Kozomarić. Nachsatz: »Unwissen macht die Leute gefährlicher.«

Für die Schwiegereltern sei damals eine Welt zusammengebrochen und das Zimmer der Enkeltochter sieht auch heute aus wie im Frühjahr 1992. Aber gerade die Schwiegereltern hätten ihrem Sohn geraten, zu gehen. Sein Platz sei neben seiner Frau und seinen Kindern, hätten sie ihm gesagt.

Am 31.7.1992 kam Saša Kozomarić in Wien an. Da hatte seine Frau bereits einen Deutschkurs an der Uni besucht und sich um Arbeit bemüht. Das Datum, an dem sie erfuhr, dass sie, eine diplomierte Krankenschwester mit Matura, als Stationsgehilfin würde arbeiten dürfen, weiß sie auswendig: Es war der 17.10.1992. Da trat sie ihren Dienst im Pflegeheim Lainz an.

Als Flüchtlinge waren die Kozomarić nur wenige Monate gemeldet und hatten damals 1500 Schilling für die vierköpfige Familie erhalten. Mit der Arbeitserlaubnis erlosch diese Unterstützung und Mira Kozomarić hatte nun mit ihren Sprachproblemen zu kämpfen, denn alle Diagnosen seien nicht auf Latein, sondern auf Deutsch geschrieben gewesen. Da habe sie dann auch das Alltagsdeutsch gelernt.

»Wir Ausländer machten einen Riesenfehler. Wir lernten zwar viel, was die Menge an Wörtern betrifft, aber nicht die Artikel«, meint die Frau. Enorme Hilfe habe sie aber damals von einer Österreicherin erfahren. Sabine Reich heiße sie, dieser Name solle unbedingt erwähnt sein. Diese Österreicherin hatte sich bereit erklärt, Flüchtlingsfamilien Deutsch beizubringen und die Kinder im Garten spielen zu lassen. »Durch sie habe ich so schnell Deutsch gelernt und die Kontaktangst zu Einheimischen verloren. Auch wenn ich mich damals nicht ausreichend ausdrücken konnte, trotz des Intensivkurses an der Uni.« Bei ihrer Tätigkeit in Lainz habe dies auch keine Rolle gespielt, denn die alten Leute konnten etwa nach einem Schlaganfall selber kaum sprechen.

Trotz ihrer vierjährigen Ausbildung und elfjährigen Berufserfahrung musste Mira Kozomarić elf Prüfungen für die Nostrifizierung ihres Diploms absolvieren, »das half aber sehr, die Sprachkenntnisse zu verbessern«. Recht bald bekam sie eine Führungsposition angeboten, »die lehnte ich aber wegen des Sprachmangels ab«. Die österreichische Gewohnheit, Angehörige in Pflegeheime zu geben und sie kaum zu besuchen, schockiert den Familienmenschen noch immer. »Ich stamme aus einem Land und einer Kultur, wo man sich um die Alten gekümmert hat.« Und so habe sie es auch in Wien gehalten, habe den Frauen die Haare gefärbt und geschnitten und mit ihnen Gesellschaftsspiele gespielt. Auf Dauer aber sei Lainz zu deprimierend gewesen und so wechselte Mira Kozomarić in die Augenabteilung des öffentlichen Krankenhauses Rudolf-stiftung, wo sie 18 Jahre blieb.

Erlebt habe sie dort auch »Ausländerfeindlichkeit, Neid und Eifersucht. Aber worauf kann man bei mir neidisch sein? Wenn man alles hinter sich lässt und mit einem Koffer ankommt und sich alles erkämpfen muss?« Nun arbeitet sie in der Akutabteilung des Krankenhauses und ist dort glücklich. Auch wenn sie zusehen muss, wie die »Unterschicht« das System ausnütze, Ausländer wie Inländer. Da lasse man sich mit 38 Grad Fieber mit der Rettung bringen statt zum Hausarzt zu gehen und stelle unverschämte Forderungen.

Der früher selbstständige Ehemann Saša war vier Jahre arbeitslos und erhielt noch und noch Absagen auf Bewerbungen. Dann war er zehn Jahre als Hausarbeiter an einer Fachhochschule tätig. Und seit einer Bandscheiben-Operation ist er zuständig für Beratung und Einschreibung in die Kurse an einer Volkshochschule. Privat hat Mira Kozomarić mehr Österreicher im Freundeskreis als Ex-Jugoslawen, »die schimpfen dann über die Ausländer. Und wenn ich aufjaule, dann sagen die immer: Du bist anders.« Der Großteil der Österreicher habe »einen Lieblings-Tschuschen, aber viele Vorurteile«.

Obwohl die Familie längst die österreichische Staatsbürgerschaft hat, definiert Mira Kozomarić sich und die Ihren als »Ausländer, die hier leben und nicht nur überleben. Wir gehen ins Theater, in Museen, gehen essen, haben unten (in Ex-Jugoslawien) keine Häuser. Und wir haben keine Ersparnisse, weil wir alles in die Ausbildung der Kinder gesteckt haben. Hinunter fahren wir nur, um die Schwiegereltern zu besuchen und die Gräber. Wenn wir sagen, wir fahren nach Hause, dann fahren wir nach Wien.«

»Ich kam freiwillig. Aber ich kann gut nachvollziehen, was es bedeutet, wenn man unverschuldet Familie, Freunde und alles andere verliert.«

Anica Matzka-Dojder, 61, ist in Jugoslawien geboren und kam 1972 nach Wien, um Deutsch zu studieren. Nebenbei arbeitete sie als Stationsgehilfin in einem Pflegeheim, wurde Krankenschwester, dann akademische Pflegemanagerin und österreichische Staatsbürgerin. Während des dreieinhalbjährigen Krieges fuhr sie mit Hilfskonvois regelmäßig nach Bosnien und wurde 1994 »Frau des Jahres«. Sie ist mit einem Österreicher verheiratet und seit 14 Jahren Abgeordnete zum Wiener Landtag und Gemeinderätin in Wien.

Deutsch war die zweite Sprache, die Anica Dojder in Novi Sad in der Vojvodina im heutigen Serbien gelernt hat. Nach der Matura meinte sie, »eine fremde Sprache muss man gut können« und reiste als Touristin nach Wien, das sie »nur aus der Literatur« kannte, um ihr Deutsch aufzupolieren. Sie fand ein Studentenheim, daneben lag ein Altenheim. Dort fragte sie nach Arbeit und wurde »Mädchen für alles«, einkaufen, Vorhänge waschen, putzen.

»Der Koffer war immer gepackt«, denn Sehnsucht nach der Heimat hatte sie sehr wohl. »Dabei kam ich freiwillig. Aber ich kann gut nachvollziehen, was es bedeutet, wenn man unverschuldet alles verliert, Familie, Freunde, die eigene Sprache.«

In den darauffolgenden Sommerferien fuhr Anica Dojder auf die kroatische Insel Brač. Während dieser Zeit ist ihr Vater mit der Stiefmutter einfach weggezogen und hat Anicas Koffer bei den Nachbarn zurückgelassen. »Ich habe mich so unerwünscht gefühlt«, sagt sie. Und deshalb ging sie zurück nach Wien.

»Ich dachte mir, jetzt muss ich eine echte Arbeit suchen, verspürte existenzielle Ängste. Und mir war klar: Ich darf ja nicht von irgendjemandem abhängig werden.« Ohne einschlägige Ausbildung bewarb sie sich als Krankenschwester, erhielt einen Posten als Stationsgehilfin und machte eine berufsbegleitende Ausbildung.

Zehn Jahre später konnte sie sich eine Genossenschaftswohnung leisten. »Ich habe jede Chance genützt, mich weiterzubilden, habe oft Wochenendseminare besucht und diese auch selbst bezahlt. Meinen Beruf habe ich bald geliebt und war von Anfang an bestrebt, Vorschriften einzuhalten und mit den anderen Kolleginnen gut auszukommen, keine Arbeit war mir zu schwer.«

Kaum hatte sie das Diplom, wurde ihr die erste Führungsstelle angeboten und die Gewerkschaft wurde auf die junge Frau aufmerksam, die sich für andere einsetzte. Wichtig war ihr, mehr öffentliche Anerkennung für den Pflegeberuf zu erzeugen. »Im Spital entlässt man gesunde Menschen nach Hause, im Pflegeheim pflegt man die Menschen am Ende des Lebens.«

Mit 30 wurde sie Stationsschwester mit 20 eigenen Mitarbeitern sowie 53 Patienten. Es folgten die erste Weiterbildung für Führungskräfte und der Universitätslehrgang »Management für soziale Berufe«.

Anica Dojder wurde Oberschwester – »und dann kam der Krieg«. Die zerstörerischen Vorgänge in ihrer früheren Heimat veränderten ihr Wiener Leben schlagartig. Sie kam mit anderen zusammen, die sich für Dialog einsetzten, wie dem Schriftsteller Milo Dor oder Peter Kreisky, dem Sohn des ehemaligen Bundeskanzlers. Die hiesigen am Geschehen Interessierten gründeten eine Plattform – »Friedensdialog« – und versuchten, Friedensgruppen in Ex-Jugoslawien zu unterstützen.

»Doch ich hörte immer mehr über die Gräueltaten und das Elend. Diskutieren war da zu wenig und ich merkte, ich muss etwas tun. Man fühlt sich so ohnmächtig gegenüber dem Krieg. Und ich wollte nicht zu denen gehören, die nur sitzen und darüber reden, was die anderen tun sollten. Ich als Einzelperson musste etwas tun.«

Anica Dojder bot sich als Dolmetscherin an für humanitäre Organisationen, die mit Hilfsmaterial in die Kriegsgebiete fuhren. So nah am Geschehen erlebte sie »den tiefen nationalistischen Riss und ich verstand, dass der Dialog nicht viel Chance hat«. Wegen ihrer serbischen Aussprache wurde sie manchmal in Flüchtlingslagern als »serbische Spionin« beschimpft und erlebte, wie niemand den Roma half, die genauso wie alle anderen unter dem Krieg zu leiden hatten. »Da kapierte ich, dass ich mit den Nationalisten nichts zu tun habe. Weder mit den einen noch mit den anderen. Mir fehlen für Nationalismus die Zellen im meinem Gehirn.«

Dreieinhalb Jahre lang hat Anica Dojder Hilfskonvois nach Bosnien und in andere betroffene Gebiete begleitet, wo unversorgte Flüchtlinge auf die Hilfe angewiesen waren, hat dafür immer Urlaub genommen, Aberdutzende Male Frontlinien überquert, Beschuss erlebt und unendlich viel Elend. Und in Wien hat sie sich sagen lassen müssen: »Wozu machst du das? Willst du eine schöne Grabrede bekommen?«

1994 wurde sie hinter Edith Klestil, der Ex-Frau des Bundespräsidenten, »Frau des Jahres«. Sie wollte zu der Ehrung gar nicht hin, aber in der Hilfsorganisation, für die sie sich engagierte, sagte man ihr, das ist PR, dann spenden die Leute. »In der Folge wurde ich zu vielen Events, gemeinsam mit Frau Klestil, eingeladen, wie etwa einer Heurigen-Eröffnung, wo ich am liebsten geheult hätte. Aber die Spenden waren wichtiger.«

Geplant war, eine mobile Ambulanz auf die Beine zu stellen für die Frauen, die durch den Krieg keine Möglichkeit mehr hatten, einen Arzt aufzusuchen. Durch Medienberichte wurden sozialdemokratische Frauen europaweit aufmerksam, es wurde Geld gesammelt, Anica Dojder konnte auch Schweizer Frauen aktivieren, und die damalige US-Botschafterin in Wien, die umtriebige Swanee Hunt, erreichte amerikanische Frauenrechtlerinnen, die Leser einer Stadtzeitung sammelten 1,5 Millionen Schilling. Und doch fehlte noch ein Betrag. Die Wiener SPÖ-Politikerin Renate Brauner, die Anica Dojder damals schon kannte, sagte: »Das wäre gelacht, wenn wir das nicht zusammenbrächten.« Und es gelang.

Die mobile Ambulanz wurde im Kriegs-Bosnien eine Erfolgsgeschichte nicht nur für die vielen vergewaltigten Frauen, die sich für einen Schwangerschaftsabbruch entschieden, sondern auch für Mädchen und Ältere.

»Umso mehr Zeit vergeht, umso mehr empfinde ich, als wäre das jemand anderer gewesen«, der da dauernd in den Krieg fuhr. »Aber ich bin sehr zufrieden, dass ich das gemacht habe«, sagt die verheiratete Anica Matzka-Dojder, während sie in ihrer Wiener Küche ein Abendessen zubereitet und der kroatische Kater herumstreicht. Schlimm sei das Unwissen mancher NGOs gewesen, die glaubten, man müsse den bosnischen Frauen erst erklären, was eine Gynäkologie ist, als wäre es in Afrika. Dabei habe Jugoslawien gute Standards auf dem Gesundheitssektor gehabt und eine gute Gesundheitsvorsorge. Gesundheitsverhalten wurde den Kindern in der Schule beigebracht, wenn sie schon nicht zu Hause lernten, dass man Zähne putzen muss. »Und die sind mit der Zahnbürste nach Hause gegangen und haben es den Eltern beigebracht.«

Widerlich war auch der ausgelebte Nationalismus gegenüber der Österreicherin mit dem serbischen Akzent. »Ein bosnischer Kantonsminister hat mir bei einer Besprechung nicht einmal die Hand gegeben. Aber solche Vorkommnisse haben mich nicht entmutigt.«

Damals sei der Grundstein für ihre politische Tätigkeit gelegt worden. »Aber ich habe nicht geglaubt, dass ich je ein politisches Mandat bekommen würde«, erinnert sich die Frau, die früher nie nur in Jeans und T-Shirt das Haus verließ, damit ihr niemand vorwerfen würde, sie sei eine »Tschuschin«.

Über ihre Arbeit sagt Anica Matzka-Dojder: »Die kommunale Politik ist etwas Unmittelbares und der Gemeinderat ein Spiegel der Gesellschaft. Und ich bin authentisch, wenn ich über Migration rede und kann zur Versachlichung beitragen. Ich bin nicht der Meinung, dass nur Migranten und Migrantinnen Migrationspolitik machen sollen. Aber die Möglichkeit der Partizipation soll es geben.«

**»Wir hätten uns zu Tode geschämt,
hätte man uns Asylanten genannt.«**

*Shahram M., 47, stammt aus Teheran und wurde, knapp
16-jährig, von seinen Eltern mit einem Touristenvisum
nach Wien geschickt und so davor bewahrt, in den iranisch-
irakischen Krieg eingezogen zu werden. Seit 18 Jahren ist
er Bau-Projektentwickler mit eigenen Firmen und Inhaber
eines bautechnischen und eines medizinischen Patents. Aus
familiären Gründen wählte er ein Pseudonym statt seines
richtigen Namens.*

Als im Jahr 1980 der Krieg zwischen dem Iran des religiösen
Diktators Ayatollah Khomeini und dem Irak des weltlichen
Diktators Saddam Hussein ausbrach, war die siebenköpfi-
ge Familie M. in Deutschland auf Urlaub. Und fuhr trotz der
weitsichtigen Warnungen von Frau M., dass dieser Krieg auch
ihr Leben einschneidend verändern würde, wieder nach Hause zurück. Denn Herr M. glaubte, dieser Krieg – der sich acht
Jahre dahinschleppen und eine Million Tote produzieren sollte – werde nicht lang dauern.

»Wir waren gar keine Anti-Mullahs. Die Revolution hatte an
unserem Leben gar nichts geändert«, erinnert sich Shahram
M. an seine schöne Jugend im Land der Pistazien und Teppi-
che. Schwierig wurde es erst, als das Mullah-Regime alle Männer zwischen 16 und 30 Jahren einzog. »Meine beiden Brüder fielen unter das Alterslimit. Der Iran wollte damals ein
20-Millionen-Heer schaffen.«

Shahrams Vater, der die Familie durch Import deutscher
Autos und westlicher Kleidung ernährte, verkaufte von einem
Tag auf den anderen sein Geschäft, bezahlte kurdische Schlep-

per und verfrachtete seine beiden älteren Söhne über die grüne Grenze in die Türkei. Eigentlich sollten sie weiter nach München, wo sich die Familie auskannte, aber die beiden Jugendlichen landeten mittels erkaufter österreichischer Visa in Wien.

»Unsere erste Wohnung war im Stadtzentrum und enorm teuer. Denn das war die einzige Gegend, die mein Vater gekannt hat.« Als Shahram knapp 16 war, beschaffte der Vater auch ihm ein Visum.

»Ich wollte eigentlich nicht weg. Ich hatte ein Mädchen, das ich lieb hatte, und fühlte mich wohl. Andererseits zeigten sie uns jeden Tag in der Schule Leichen. Mit den aufpeitschenden Worten: ›Schaut, was die Iraker mit euren Brüdern gemacht haben.‹ Keine einzige Leiche in den Särgen war in einem Stück. Und da wurde mir klar, entweder ich werde auch in so einer Kiste vorgeführt oder ich gehe. Und so bin ich in Teheran in ein Flugzeug gestiegen und in Wien wieder aus.«

Ohne ein Wort Deutsch zu können, ist er im Gymnasium im dritten Bezirk gelandet. »Wenn alle aufgestanden sind, bin ich auch aufgestanden. Und wenn sie sich wieder gesetzt haben, habe ich mich eben auch gesetzt. Verstanden habe ich nichts, auch nicht, als die Lehrerin mich ansprach, was ich denn hier tue. Am Arm hat sie mich zum Direktor geschleift.« Der rief den älteren Bruder an und dieser versicherte, dass Shahram die fünfte Klasse schaffen werde.

Am Jahresende war der 16-Jährige »in Mathematik das Ass in der Klasse. Aber in Deutsch und Englisch hatte ich Fünfer. Geografie und Geschichte schaffte ich mit Vierern. Wie ein Papagei habe ich abends die Texte auswendig gelernt, obwohl ich sie nicht verstand. Meine Methode, alles mittels Wörterbuch zu übersetzen, war für die langen Aufgaben nicht geeignet. Ich schaffte immer nur den Beginn der vierseitigen Hausübungen«, erzählt der stets höfliche Mann mit den grauen Schläfen, dessen Handy unentwegt summt, weil sein Tag durchgetaktet ist.

»Ehrgeizbeladen« sei er als Jugendlicher gewesen. »Weil ich sah, wie schwer es ist, mit dem Geld auszukommen, das wir hatten. Wir drei Brüder waren alle abgemagert und ernährten uns von Fertigsuppen. Nur am Wochenende haben wir uns etwas gekocht. Und hatten immer Angst, die Miete nicht zahlen zu können.«

Auch als die ganze Familie nach Wien emigriert war, gingen die M.s nicht auf das Asylamt. »Wir hätten uns zu Tode geschämt, hätte man uns Asylanten genannt. Wir waren arm, aber stolz. Und haben niemals auch nur einen Cent vom Staat bezogen.«

1984 eröffnete der Vater, der auf keinerlei Ausbildung zurückgreifen konnte, ein Teppichgeschäft mit Perserteppichen aus dem Iran in einem damals recht heruntergekommenen Außenbezirk von Wien und konnte so zumindest die Familie über Wasser halten.

»Was wir sind, verdanken wir aber unserer Mutter«, betont Shahram M. mehrmals. Seine Brüder haben studiert. Er verließ in der 7. Klasse das Gymnasium und auch die Mühseligkeiten in der Familie und ging auf den Bau. Dort wurde er »der kleine Jugo«, der Jugoslawe, genannt und musste die größten Schuttsäcke schleppen. Er lernte Fliesen legen und Rigipswände aufstellen und am Abend für die externe Matura. Seine Schule vertrat er sogar bei der Physik-Olympiade. Und einen österreichischen Schachmeister hat er auch geschlagen.

Nach der Matura inskribierte der junge Mann, der seinen muskulösen Körper nicht dem Bodybuildingcenter, sondern dem Bau verdankt, an der Medizinischen Fakultät. Sein damaliger Wunsch: »Als Arzt armen Leuten helfen.« Neben dem Studium schuftete er weiter auf Baustellen, um sein Leben zu finanzieren. An der Uni lernte Shahram M. eine damals 20-jährige Wienerin kennen. Sie absolvierte ihr Studium, während er im Baugeschäft erfolgreich wurde. »Seit 24 Jahren sind wir zusammen. Und noch immer nicht verheiratet«, sagt er verschmitzt.

Als der mittlerweile achtjährige Sohn Samuel noch klein war, stellte er seine Eltern gern so vor: »Meine Mama ist Doktor und mein Papa Bauarbeiter.« Der allerdings war fünf Jahre lang an der Uni Tutor in Anatomie und erhielt Ende der 1990er-Jahre den alpenländischen Anatomiepreis – als einziger Student unter den Doktores und Professoren.

»Ich habe viel geschafft, aber einen hohen Preis bezahlt«, resümiert Shahram M.. Nicht nur die Bandscheiben, auch die Nerven, ja der ganze Körper rebellieren gegen die jahrzehntelange Selbstausbeutung, trotz seiner Devise »lieber eine Stunde über Geld nachdenken, als für eine Stunde bezahlt werden«. Durch Überlegen, großen Fleiß und langjährige Sparsamkeit, ohne Zigaretten, ohne Alkohol und teure Hobbys habe er sich eine sehr gute Existenz geschaffen und wolle mit niemandem auf der Welt tauschen. »Nicht meine Frau, nicht mein Kind, nicht mein Leben.«

Was noch fehlt trotz all seiner Zielstrebigkeit, ist das Medizindoktorat. Alle Prüfungen sind längst absolviert, aber Praktika noch offen. Denn täglich warten Bauarbeiter um sechs Uhr früh auf Anweisungen und Wohnungsinteressenten auf Rückrufe. Den Titel will Shahram M. aber unbedingt, denn »ohne Doktor bist du nichts in Österreich«.

Sohn Samuel weiß längst, dass der Vater kein Bauarbeiter ist und ist selbst schon top in Rechnen, »und das macht den Papa natürlich stolz«. Den Namen Samuel hat Shahram M. ausgewählt. »Es ist ein hebräischer Name für einen Moslem, der in eine katholische Schule geht.« Einen zuordenbaren Glauben und einen eindeutigen Gott im Himmel hat der iranischstämmige Österreicher nicht. »Aber ich danke dem Gott, der in mir drinnen ist, jeden Tag für dieses mein Leben.«

»Ein Leben ohne die deutsche Sprache
ist wie ein Leben ohne Hand
oder ohne Fuß.«

Anna Nowik, 64, Pensionistin und ehemalige Putzfrau, ist in Polen geboren und war dort gut bezahlte Kranfahrerin. Aus wirtschaftlichen Gründen emigrierte sie nach Österreich und wurde österreichische Staatsbürgerin.

»Die Regale waren leer im Polen des Jahres 1980. Drei Kinder und nichts zu kaufen.« Die elende Wirtschaftslage war der Grund für Anna Nowik, einer polnischen Kleinstadt den Rücken zu kehren. Ihre drei Kinder, 16, 17 und 23 Jahre alt, musste sie zurücklassen. »Ich hatte damals in Polen nicht einmal irgendetwas, das ich ihnen hätte auf das Frühstücksbrot legen können. Wir besaßen einen kleinen Garten und da pflückte ich einmal sogar die grünen, unreifen Tomaten und tat sie den Kindern aufs Brot. Und machte mir den ganzen Tag Sorgen, ob sie krank davon würden«, erinnert sich die kleine, drahtige Frau in ihrer Wiener Mietwohnung an die Zustände in ihrem Herkunftsort.

Ein Visum für Österreich hatte Anna Nowiks spätere, in Wien lebende Schwiegermutter besorgt. Und so landete die dreifache Mutter mit nichts als einem Koffer und keinerlei Deutschkenntnissen ein Jahr vor Ausrufung des Kriegsrechts und einer Massenflucht aus Polen in einem acht Quadratmeter kleinen Raum in Wien: Bett an Bett, ein Kasten, zwei wildfremde Frauen und eine ungehörig hohe Miete für die Unterkunft.

Im kommunistischen Polen war Anna Nowik unter 400 Prüflingen die einzige Frau gewesen, die den Führerschein zum

Kranfahrer gemacht und bestanden hatte. »Ich hatte einen wirklich guten Job und habe wirklich gut verdient«, strahlen ihre Augen auch ein Vierteljahrhundert später über ihren beruflichen Erfolg. Aber sie konnte mit dem ganzen vielen Geld eben nichts kaufen, was eine Familie zum Leben gebraucht hätte: Fleisch, Gemüse, Kleidung, Schulsachen.

Ihre Ausbildung als Kranfahrerin konnte Anna Nowik in ihrem neuen Leben in Österreich nicht nutzen. Das halbe Jahr im Deutschkurs verhalf ihr nicht zu ausreichenden Sprachkenntnissen. »Als Kranfahrer muss man sehr gut verstehen. Alle Anweisungen vom Bodenpersonal ganz genau verstehen.«

Der Job, der ihr damals als einziger offenstand, war Putzfrau, wiewohl sich auch das anfangs ohne die deutsche Sprache als Tortur erwies. Welches der vielen unbekannten Putzmittel wofür diente, Anna Nowik wusste es nicht. Sie konnte zwar lesen, aber nicht verstehen. Und nicht alle Kolleginnen, durchwegs Frauen aus dem Ausland, entpuppten sich als hilfsbereit. Vielmehr jagten sie die Neue von einem Stiegenhaus zum anderen, von einem Büro ins andere zum Putzen. Und tranken selbst in Ruhe Kaffee. Und lachten über die so arbeitsame verschwitzte Neue.

»Einmal hat mir meine Chefin gesagt: Wenn Sie nichts verstehen, dann sind Sie bald verschwunden. Lange habe ich überlegt, was verschwunden bedeuten könnte. Abends habe ich das Wort im Wörterbuch gesucht.«

Wie oft sie in Österreich geweint habe, schüttelt Anna Nowik den Kopf. »In den Tränen könnte man genauso baden wie in der Donau.« Andererseits konnte sie ihren Kindern doch sehr bald Fleischkonserven und Kleidung nach Hause schicken. »Nach dem ersten Arbeitstag habe ich 240 Schilling bekommen. Ich habe sofort umgerechnet, was ich damit in Polen alles kaufen könnte. Und die Stadt – Wien – war so schön, so hell mit dieser Neonbeleuchtung, so freundlich!« Bis heute erfreut sich die tüchtige, grundehrliche Frau, wenn sie aus ihrem ein- bis zweimal jährlich zusammengesparten Urlaub bei der Familie in Polen zurückkommt, an den Lichtern am Donaukanal und fühlt sich wieder »zu Hause«.

20 Jahre lang ist Anna Nowik in der morgendlichen Finsternis aufgestanden und hat geputzt, erst bei einem Installateur, später als Mitarbeiterin einer Reinigungsfirma. Jahrelang mit immer wieder zu erneuerndem Visum und stets zu verlängernder Arbeitserlaubnis.

Seit 2008 ist sie österreichische Staatsbürgerin. Da heiratete sie ihren Partner, auch er gebürtiger Pole, der aber schon länger die österreichische Staatsbürgerschaft hatte und seit einem halben Leben hier arbeitete. Er, ebenfalls Arbeitsmigrant, war zuletzt elf Jahre lang bei der Müllabfuhr. Nach langem Krankenstand wegen einer Krebserkrankung, aber auch wegen seiner kaputten Schulter, deretwegen er nicht mehr als Müllmann tätig sein konnte, kündigte man dem verlässlichen Arbeiter.

Jetzt pilgert er von Montag bis Freitag zum Arbeitsmarktservice AMS und paukt Deutsch. Den Computerkurs davor fand Herr Nowik eher sinnlos. Aber der Deutschkurs zeigt Wirkung. Mittlerweile hilft er seiner Frau, wenn sie nicht weiterkann auf Deutsch. Durch das AMS noch einmal einer geregelten Arbeit nachgehen zu können, daran glaubt der heitere Herr Nowik allerdings nicht. Und wundert sich, warum ausgerechnet die Deutschkurse jetzt dem Sparstift zum Opfer fallen sollen, wo der Staat doch wolle, dass alle hier Lebenden sich ausreichend verständigen und genug verstehen können.

In Polen, mutmaßt Anna Nowik, hätte ihr Mann, als der Tumor am Hals nicht mehr zu übersehen war, wohl ein halbes Jahr auf einen Termin beim Onkologen warten müssen. »Oder sterben«, wirft er ein. In Wien waren die Ärztinnen, Ärzte und Schwestern sofort zur Hand, Krankenhausaufenthalt, Operation, Bestrahlung, Chemotherapie sehr gut. Wegen ihrer rudimentären Deutschkenntnisse musste die damals wahrlich verzweifelte Frau zur Verständigung mit den Ärzten über Diagnose und Therapien jeweils einen Dolmetscher mitnehmen, à 50 Euro die Stunde. Sehr viel Geld für Menschen wie die Nowiks. Auch abseits dieser Lebenskrise ihres Mannes empfindet Anna Nowik ein Dasein wie das ihre mit nur schlechten Deutschkenntnissen »wie ein Leben ohne Hand oder ohne Fuß«. Herr Nowik meint gar: »Oder wie ein Leben ohne Kopf.«

Der neunjährige Enkelsohn, der im Wiener Wilhelminenspital geboren ist, wie Stiefgroßvater Nowik stolz berichtet, ist Österreicher und spricht Deutsch.

Wenn die Nowiks in Polen sind, wo sie sich im Lauf der Jahre eine kleine Wohnung zusammengespart haben, müssten sie nur aus dem Fenster schauen, um Leute zu sehen, die in den Müllcontainern nach Essbarem suchen. »Sogar Frauen mit Kinderwagen«, ist Anna Nowik erschüttert über die Zustände außerhalb des glitzernden Zentrums von Warschau noch 25 Jahre nach dem Kollaps des Kommunismus. In Wien komme um 19.30 Uhr täglich die Caritas zur Friedensbrücke und verteile wenigstens Essen an die Bedürftigen. Viel menschenwürdiger als in Polen, meinen die Nowiks. Auch wenn er sofort nachsetzt: »Würde ich da hin müssen – besser zum Donaukanal und springen.«

Für Anna Nowik war es die absolut richtige Entscheidung, dass sie Polen den Rücken gekehrt hat. Alles in allem gehe es ihnen jetzt sehr gut, auch wenn ihre Miete horrend ist und schon drei Mal eingebrochen wurde in der finsteren, lauten Erdgeschoßwohnung. »Ich bin in Pension, auch wenn die winzig ist. Und mein Mann ist beim AMS und bald auch in Pension. Wir haben wirklich nicht viel. Aber der Kühlschrank ist nie leer.« Und für den entzückenden, vier Monate alten Yorkshire Terrier aus Polen und mit EU-Pass gibt es auch genug zu fressen.

»Ich bin der einzige
Ausländer zu Hause.«

Aki Nuredini, 58, ist als Albaner in Mazedonien geboren.
Bei seinem Vater in Belgrad lernte er, wie man erfolgreich
Gastronomie betreibt. Seit 32 Jahren führt der Träger
zahlreicher Orden und Medaillen im ersten Wiener Gemein-
debezirk ein italienisches Restaurant, das zum Künstler-,
Politiker- und Diplomatentreff wurde. Aki Nuredini hat eine
Daueraufenthaltsbewilligung. Seine Frau und die vier Kinder
sind österreichische Staatsbürger.

Aki ist das »Sandwichkind« der sieben Kinder der mazedo-
nisch-albanischen Familie Nuredini. Sein Vater, ein eleganter,
tüchtiger Herr, betrieb in Belgrad Fastfood-Läden mit regio-
nalen Köstlichkeiten. »Und ich habe viel von ihm gelernt«,
erzählt der ebenso tüchtige wie enorm fleißige Aki Nuredini.
»Ich habe gelernt, die Arbeit zu schätzen und Menschen zu
mögen.« Wenn du Freunde haben willst, so lehrte ihn sein Vater, musst du in und an jedem Menschen etwas Schönes finden. Und an diesen Spruch hält sich der geborene Diplomat
Nuredini seit Jahrzehnten.

Mit elf Jahren beschloss Aki, seinem Familienhaus in Mazedonien den Rücken zu kehren und zu seinem Vater in die
jugoslawische Hauptstadt Belgrad zu ziehen. Dort sah er, dass
Buben auf der Straße Kastanien verkauften, und bat seinen
Vater, ihm einen Griller zu besorgen und diesen vor das Haus
zu stellen. »Einer von damals, mit dem ich die Maroni gemeinsam verkauft habe, arbeitet bis heute bei mir«, sagt Aki Nuredini und man merkt ihm an, dass es ihn erfreut.

Nach der Schule und an den Wochenenden habe er Kastanien verkauft, erfolgreicher als seine Konkurrenz. »Dabei musste ich auf einer Kiste stehen, weil ich zu klein war. Mit dem Metalllöffel, mit dem man die Kastanien umschaufelt, habe ich immer auf den Griller geklopft, um auf mich aufmerksam zu machen.«

Während seines Besuchs in der Gastronomieschule begann er, in der Bäckerei seines Vaters zu arbeiten. »Als ich 18 war, übergab mir der Vater seine zwei Fastfood-Lokale, wo wir neben Brot auch Blätterteigware und andere typische Backwaren aus der Region sowie Sandwiches hatten.« Mit 20 eröffnete er sein drittes Lokal, hatte davor Einrichtungsmessen in Italien und Deutschland besucht und die Moderne nach Belgrad gebracht. Im berühmten Hauptgeschäft der Familie am Belgrader Bahnhof, das 24 Stunden am Tag offen hielt, baute er einen Ventilator so ein, dass die süße Luft nach draußen auf die Straße ging, »um noch mehr Kunden anzulocken«.

1978 eröffnete der junge Mann das erste italienische Restaurant im Zentrum von Belgrad. »Das war ein Riesenerfolg. Nicht weil ich so gut war, sondern weil es das erste italienische Lokal überhaupt war«, sagt er lachend. Damals habe er wenig Italienisch gesprochen, gar kein Deutsch und mittelmäßig Englisch. Heute wechselt der Geschäftsmann zwischen Deutsch, Serbisch, Albanisch, Italienisch und Englisch, als wäre das alles eine Sprache.

Damals begann er auch, ins Theater und in die Oper zu gehen. »Meine Freunde haben mich ausgelacht«, aber er wollte sich zeigen in der Gesellschaft. Und klassische Musik habe er immer schon geliebt.

1981, ein Jahr nach dem Tod Titos, des Idols so vieler Jugoslawen, »begann es mit den Demonstrationen. Und ich spürte, dass es Änderungen geben wird.« Und dass man als Albaner in Belgrad Probleme bekommen könnte. Die Familie beschloss, einer sollte ins Ausland gehen, damit alle nötigenfalls einen sicheren Ort hätten, »falls es schlimm werden sollte«.

Aki Nuredini bat seinen Vater, dass er das sein möge. Und dass es Wien sein solle, die Stadt, die er nur vom Hörensagen kannte, vor allem wegen der Kultur. Seinem Vater und dem Freund seines Vaters, dem damaligen serbischen Präsidenten, versprach Aki Nuredini, er würde sie in die Wiener Staatsoper führen. »Und das habe ich gemacht.« Man gab Elisir d'amore von Gaetano Donizetti, das weiß er bis heute.

25 war er und es war Oktober 1981, da hat er in Wien mit zwei Freunden eine Firma gegründet. Und beim Herumgehen landete er in der Wiener Annagasse – und verliebte sich sofort in diese Gasse. »Ich wusste, hier will ich sein. Schöne Fassaden, schmale Gasse, leicht gebogen, italienisch angehaucht.« Er fand auch sofort ein Geschäftslokal, das ihm zusagte. »Da bin ich hinein. Drinnen war eine aus meiner damaligen Sicht alte Dame, die sprach ich mit meinem schlechten Englisch an. Die sagte forsch: Raus mit Ihnen!«

Aki Nuredini ließ nicht locker. Er erzählte die Geschichte von seinem Wunsch nach dem Geschäftslokal und seinen mangelnden Sprachkenntnissen einem Makler, dessen Frau serbokroatisch konnte. Der Makler ging mit ihm zu der Dame. Die fragte, ob er denn Ablöse zahlen wolle. »Und ich zeigte mein Sparbuch. Da bot sie mir an, Platz zu nehmen.« Die Dame war Helma von Pach, eine Modeschöpferin des damals berühmten Modeateliers Adlmüller in der Kärntner Straße.

Das Lokal wechselte den Mieter, Aki Nuredini eröffnete eine italienische Frulatteria, offerierte Frappées, Eis, Fruchtsalate, Sandwiches, Pasta und Pizza. »Das hatte ich in Milano gesehen«, erinnert er sich. »Und damals habe ich mir gesagt: Wenn du in drei Monaten nicht Deutsch kannst, dann schneidest du dir die Zunge ab«, lacht der jugendliche dreifache Großvater, der niemals anders anzutreffen ist als im perfekten Anzug, Hemd, Krawatte. Und mit der Anstecknadel, die man zum Wiener Orden dazu bekommt.

»Ich hatte damals einen tollen persönlichen Erfolg. Wo immer ich mit Leuten zu tun hatte, ob Polizei oder Magistrat, ich wurde mit offenen Armen empfangen. Besonders von den Nachbarn in der Annagasse, die sind alle Freunde geworden.« Damals habe er auch mit seinen Theater-, Konzert- und Opernbesuchen begonnen. Heute versäumt Aki Nuredini nahezu nie eine Opernpremiere.

In dieser Zeit »begannen auch die Probleme in Jugoslawien. Für Albaner wurde es schwieriger und für meine Familie auch«, deutet er den aufkommenden Nationalismus, der in hunderttausendfache Tragödien mündete, nur an. Aki Nuredini, der davor zwischen Wien und Belgrad gependelt war, konzentrierte sich fortan nur auf Wien und die Annagasse, vergrößerte sein Lokal, schaffte es, den prominenten Architekten Spalt für den Umbau zu gewinnen, »von dem ich sehr viel gelernt habe und der wie ein Vater für mich wurde. Bis zu seinem Tod war er täglich zu Mittag bei mir essen.«

Damals habe er sich auch in den Kopf gesetzt, »alle wichtigen Künstler bei mir zu haben. Und ich sagte, wenn ich das schaffe, dann höre ich auf.«

Heute gehen die berühmtesten Dirigenten, Schauspieler, Schriftsteller, Regisseure in seinem Restaurant ein und aus. Die Erinnerungsfotos auf seinem Smartphone sind Legion, von Anna Netrebko und Placido Domingo über die Stones bis zu Tom Cruise finden sich so ziemlich alle weltbekannten Kunstschaffenden, die in Wien Station gemacht haben. Viele wurden echte Freunde. »Alle waren sie da«, sagt Aki Nuredini zufrieden, »und ich mache weiter!«

Weiter mit der Sieben-Tage-Woche und dem 18-Stunden-Tag. Seine Frau, gebürtige Mazedonierin und ehemals Schulkollegin, hat sich in 32 Jahren, die das Restaurant existiert, nie beklagt, wenn ihr Mann erst spätnachts heimkam, fast immer wegen eines Opernsängers, Dirigenten oder sonst eines Künstlers, der eben länger blieb als bis zur Sperrstunde.

»Mit achtzehneinhalb hatten meine Frau und ich einander wiedergetroffen, uns verliebt, verlobt und mit nicht einmal 20 geheiratet. Mit 21 waren wir erstmals Eltern.« Zwei Mädchen, zwei Buben entstammen dieser Ehe. »Alle vier waren in der International School, alle vier haben einen Master, alle vier arbeiten. Drei sind verheiratet und der Jüngste ist mit einer wunderbaren Italienerin verlobt.«

Frau Nuredini sprach längere Zeit nicht so gut Deutsch. »Aber sie fühlte sich nie fremd«, sagt ihr Mann. »Fremd fühlt sie sich, wenn wir zu Hause in Mazedonien sind.«

Kinder und Ehefrau sind seit 1992 österreichische Staatsbürger, Aki Nuredini hat den mazedonischen und den albanischen Pass und eine Daueraufenthaltsgenehmigung für Österreich. »Ich bin der einzige Ausländer zu Hause«, sagt er verschmitzt.

Was er gar nicht erwähnenswert findet: Sein Lokal wurde während der ex-jugoslawischen Kriege von hochrangigen Repräsentanten aller Volksgruppen besucht. Nicht selten saß in einem Teil der bosnische Außenminister, im anderen ein serbischer Diplomat und im Obergeschoß ein kroatischer. Und niemals fand auch nur der leiseste Ausbruch an Nationalismus statt. »Bei mir gab es nie ein Problem«, sagt er. »Und viele, Politiker und Diplomaten, sind inzwischen nicht Gäste, sondern Freunde geworden.«

Auch seine Ehrungen zählt Aki Nuredini nur auf Nachfrage auf. Da ist das Goldene Verdienstzeichen der Stadt Wien, die große goldene Medaille Business und Kultur der Wirtschaftskammer Wien, zwei italienische Orden, sein Status als Ehrenkulturbotschafter für Triest, Wien und Österreich, die goldene Medaille des albanischen Staates für Kultur und noch ein paar

»weniger wichtige. Aber ich bin immer bescheiden geblieben und noch immer ein Spaghettimann«, wie er sich Jahrzehnte nannte, als noch nicht so viel Prominenz im Haus war und er noch nicht Benefizkonzerte mit den Top-Tenören und Baritonen der Welt organisierte. »Aber da bin ich schon stolz auf mich, was ich an Kulturaustausch zwischen Wien, Italien und den Balkanländern zusammenbrachte«, fügt er hinzu.

Als ihn einmal jemand fragte, was er denn am Tag danach machen werde, wenn alles gelungen sei, was er sich vorgenommen habe, da antwortete Aki Nuredini: »Morgen? Da mache ich es ganz genau so wie gestern.«

»Österreich ist schön. Da gibt es Freiheit, Sicherheit, Menschenrechte und Respekt gegenüber den anderen.«

Khaled Ramadan, 34, ist syrischer Kurde, war politisch tätig und musste vor der Verhaftung durch das Regime von Bashar al-Assad fliehen. Der gelernte Eisenschmied und Fliesenleger erhielt im April 2014 politisches Asyl und konnte seine Frau Randa, 27, sowie seine vier Kinder Deana, elfeinhalb, Hassan, zehn, Karoch, acht, und Mohammed, sechs, nachholen. Das fünfte Kind wurde für Februar 2015 erwartet.
Das Interview fand mithilfe eines Übersetzers statt.

Die Familie Ramadan ist in einem reinen Ausländerhaus im 10. Wiener Gemeindebezirk untergekommen. Vierter Stock ohne Lift, ein Wäschetrockner der Nachbarn steht auf dem Gang des heruntergekommenen Gebäudes. Die Ramadans sind flankiert von Irakern und Afghanen. Das Ehebett hat Khaled Ramadan der Raumgröße anpassen müssen, im zweiten Zimmer liegen dünne Matratzen auf dem Boden, da schlafen die Kinder. Dort steht auch ein Laptop vor dem klapprigen Einbaukasten mit den wenigen Kleidungsstücken drinnen. Die Küche ist winzig und einfach ausgerüstet.

»Ich war Mitglied einer Anti-Assad-Partei und musste Syrien verlassen aus Furcht vor Verfolgung durch das Regime. Aus Angst, dass man mich verhaften würde«, berichtet Khaled Ramadan, der eigentlich viel lieber über die politische Lage vor allem der Kurden reden würde als über sich und sein Leben. Dass der Diktator gestürzt würde, glaubten er und seine Frau nicht, auch wenn sie sich das gewünscht hätten.

Man müsse sich nur anschauen, wer ihn stützt. Der Iran, der ehemalige irakische Premier Maliki und die Hisbollah, die islamistische Partei im Libanon, die auch einen bewaffneten Arm hat. »Die einzige Hoffnung war die PYD«, sagt Khaled Ramadan. Die PYD ist die Partei der Demokratischen Union der Kurden in Syrien, sehr gut organisiert, und steht der PKK des inhaftierten türkischen Kurden-Führers Abdullah Öcalan nahe. Sie wurde 2003 im Untergrund gegründet und hat in ihrem Parteiprogramm die Achtung der Menschenrechte, die Freilassung politischer Gefangener, Meinungsfreiheit und die Abschaffung der Todesstrafe festgeschrieben.

Sie hat eine eigene Miliz und gründete in den Bürgerkriegswirren Syriens drei kurdische Kantone. Seit der Krieg in die syrische Kurdenstadt Kamischli mit ehemals einer Million Einwohnern gekommen ist, sei der früher gute Lebensstandard für den Eisenschmied und seine Familie schlecht geworden durch Gewalt und Zerstörung. Auf all die Tragödien, die die Menschen in dem Bürgerkrieg in dieser Region erdulden müssen, geht Khaled Ramadan nicht näher ein.

Mithilfe von Schleppern machte sich der bedrohte Familienvater auf in die Türkei. Dort bestieg er mit 22 anderen ein Schlauchboot, um nach Griechenland zu gelangen. »Wir sind mindestens drei Stunden von Izmir aus unterwegs gewesen. Aber wir konnten die griechische Küste nicht erreichen. Türkische Sicherheitsorgane nahmen uns fest.« Rund zwei Wochen verbrachten er und die anderen, Kurden und Araber, im Gefängnis. »Als die türkischen Polizisten merkten, dass wir Kurden sind, haben sie uns nach Syrien abgeschoben.« Und damit akuter Lebensgefahr ausgesetzt, obwohl Mitflüchtlinge sie zu retten versucht hatten, indem sie behaupteten, die Männer wären aus Palästina.

Es folgte der zweite Fluchtversuch, wieder in die Türkei. Der große, langbeinige Mann schaffte es bis nach Istanbul und fand dort Schleuser, die organisierten seine Vier-Tages-Fahrt mit einem Lastwagen. »Ich wusste nicht genau, wohin. Eigentlich wollte ich nach Dänemark, weil ich dort einen Freund habe.« Aus dem Laster gekrochen ist er in Wien. Und Leute, die er auf der Straße gefragt habe, was er jetzt tun solle, um um Asyl anzusuchen, sagten ihm, er solle nach Traiskirchen fahren. Das tat er, im Frühling 2013. »Die Behörden waren sehr menschlich.« Aber Schwierigkeiten habe es mit anderen Asylwerbern gegeben. »Verschiedene Leute, verschiedene Gedanken, verschiedene Kulturen – das geht manchmal schief.«

Khaled Ramadan wurde als politischer Flüchtling anerkannt. »Aber ich habe lange auf meine Familie warten müssen.« Sieben lange Monate. Während er erzählt, klettert der kleinste Sohn Mohammed, Hammed genannt, an seinem Vater hoch und manchmal kommt die achtjährige Karoch vorbei, dann auch die beiden anderen Kinder. Alle geben die Hand, schauen einem in die Augen und grüßen auf Deutsch. Die beiden Mädchen fragen artig: »Wie geht es Ihnen?« Scheu sind sie alle nicht und alle lachen gern. Und man wundert sich, wie leicht diese Kinder Entwurzelung und Neubeginn nehmen.

»Wir sind hierhergekommen, um in Freiheit zu leben«, erklärt ihr Vater. Und mit Respekt. Respekt ist ein wichtiges Wort in Khaled Ramadans Aussagen. Seit drei Monaten geht er in einen Deutschkurs und sagt, was er auf Deutsch eben schon sagen kann. »Uns geht es sehr gut. Langsam, langsam wird es noch besser sein. Natürlich, die Sprache nicht können ist sehr schwer.« Seine große Hoffnung sei, die Menschen in Österreich bald zu verstehen.

Randa Ramadan, die das ganze Interview hindurch am Tisch sitzt und dem Übersetzer lauscht, schaltet sich ein. Auch sie wolle Deutsch lernen, aber als Schwangere sei es schwer, einen Deutschkurs zu bekommen. Die Frau mit dem hochgesteckten Haar, den schwarzen Leggings und der Überjacke streichelt ihren Bauch. Auf Kurdisch sagt sie: »Österreich ist sehr schön. Es gibt Freiheit, Sicherheit, Respekt gegenüber anderen Menschen und es gibt Menschenrechte und Unterstützung vom Staat.« Sie habe überhaupt keine schlechten Erfahrungen hier gemacht, betont die Frau mit dem so sympathischen Lächeln.

Die Familie lebt von der Mindestsicherung und besorgte sich Kleidung auf dem Flohmarkt. Wie man sein Leben in Österreich organisiert, Kindergarten, Schule, Deutschkurs und finanzielle staatliche Unterstützung erhält, das lerne man bei der »Grundversorgung« der Caritas. Khaled Ramadan hofft, bald als Eisenbieger oder Fliesenleger arbeiten zu können. Die 4500 Euro Kaution für die heruntergekommene Bleibe, die nun ihr Zuhause ist, musste er sich borgen.

An die Wand des spärlichst möblierten Wohnzimmers ist eine aus einem Schreibheft entfernte Doppelseite angeheftet, darauf sind fein säuberlich Linien gezogen und die Schulzeiten der Kinder notiert. »Alle meine Kinder gehen in die Schule«, sagt Khaled Ramadan auf Deutsch, »und Hammed in den Kindergarten.«

Die Schule sei sehr gut, wie seine Kinder berichten. Aber es gebe da welche, die hätten keinen Respekt vor der Lehrerin. »Die Schüler sollen so erzogen werden, dass man die Lehrer respektiert.« Deana, die Älteste, ist nach nur sieben Monaten in Österreich in der ersten Klasse Gymnasium und es gehe ihr gut dabei. Außer in Englisch und Biologie, sagt sie mit einem verschämten Lächeln. Die beiden Mittleren sind in der Volksschule.

Die Familie, die sichtlich alles tut, um sich in Österreich einzuordnen, würde eines Tages gerne wieder zurück nach Syrien, »aber nicht unter einem syrischen Regime, nicht unter einem arabischen Regime, sondern nur unter kurdischer Verwaltung«.

Auf die Frage, wie es sich anfühle, wenn man seine Heimat und sein gewohntes Leben verlassen müsse, sagt Khaled Ramadan: »Es ist nicht einfach. Es ist schwer. Und es tut weh. Das ist die schwerste Entscheidung, die man treffen kann.«

»Diese Joghurts sind für dich. Und für die armen Kinder in der Siedlung.«

Ahmed Bashir Shacur, 25, hatte aus seiner Heimatstadt Kismayo in Somalia flüchten müssen, weil die islamistischen Al-Shabaab-Milizen ihn und seinen Bruder rekrutieren wollten. Ahmed Shacur floh nach Kenia und gelangte mithilfe von Schleppern nach Wien. Er ist anerkannter Kriegsflüchtling und arbeitet in einem niederösterreichischen Milchverarbeitungsbetrieb.

Vom Bürgerkrieg, der Somalia seit 1991 verheert, war die Familie Shacur mit ihren zwei Söhnen lange verschont geblieben. Bis eines Tages Islamisten-Terroristen der Al-Shabaab-Miliz in ihr Heimatdorf im Süden von Somalia einfielen und die beiden jungen Männer aufforderten, mitzukämpfen, ansonsten sie erschossen würden. Ahmeds Bruder nahm diese Drohung nicht ernst genug und überlebte seine Leichtsinnigkeit nicht.

Ahmed Bashir Shacur, ein intelligenter und alphabetisierter Hirte der Ziegen und Kamele seiner Mutter, flüchtete daraufhin aus dem Dorf in der Nähe der südsomalischen Hafenstadt Kismayo. Seine Mutter hatte in aller Eile alles zu Geld gemacht, was irgendwie ging, um dem einzig verbliebenen Kind das Leben zu retten.

Mit 4000 Dollar in der Tasche und von einer Schlepperbande an die nächste weitergereicht, geriet Ahmed Bashir Shacur auf gefährlichem, wochenlangem, kräfteraubendem und verwirrendem Weg bis zum Westbahnhof in Wien.

»Dort haben mir die letzten in der Reihe unserer Schlepper gesagt, ich solle warten«, berichtet Ahmed Shacur in rudimentärem Englisch, denn seine Muttersprache ist Suaheli und seine Zweitsprache Arabisch.

Zwei Stunden sei er herumgesessen in einer Stadt, von deren Existenz er in seinem somalischen Leben nichts gewusst hatte. »Immer wieder kamen Somalis vorbei. Wir erkennen einander, denn Somalis sehen anders aus als Kenianer oder andere Schwarze. Irgendwann ist mir gedämmert, dass mich hier niemand mehr abholen und mir weiterhelfen würde«, umreißt der junge Mann mit den feingliedrigen Händen und der leisen Stimme die Einsamkeit und Hilflosigkeit jemandes, der es zwar aus Krieg und Lebensbedrohung geschafft hat, aber nicht weiß, was dann tun auf unbekanntem, neuem Terrain.

Nach langem, von Angst gekennzeichnetem Überlegen sprach er einen der Landsmänner an. Der, selbst ein Flüchtling, konnte Ahmed Bashir Shacur immerhin den Weg ins Erstaufnahmelager Traiskirchen beschreiben und ihm einbläuen, dort sofort einen Asylantrag zu stellen.

Mehrere Monate hat er im Lager verbracht, nicht als Individuum, sondern als Nummer, wie alle anderen auch. Und verdammt zum Nichtstun, denn Arbeit ist nicht erlaubt. Nicht einmal, für sich selber zu kochen, wäre möglich. 24 Stunden täglich ein Leben mit Hunderten anderen Traumatisierten aus allen Kriegsregionen unseres Globus, ohne jede Abwechslung und ohne jede Beschäftigung.

Im Juni 2010 hatte Ahmed Shacur seinen Antrag auf Asyl gestellt und im April 2011 den »Status des Asylberechtigten« erhalten. In der Beweiswürdigung heißt es: »Aufgrund der Ermittlungen zur allgemeinen Lage in Ihrem Heimatland in Verbindung mit Ihrem Vorbringen konnte die behauptete Furcht vor Verfolgung als glaubwürdig gewertet werden.« Ahmed Shacurs neuer Pass gilt für alle Staaten außer Somalia.

Mit der Anerkennung fiel er aber auch aus der institutionalisierten Hilfe für Asylwerber hinaus und war auf sich allein gestellt, mit einem Taschengeld und einer 30-Quadratmeter-Bleibe in einem Gemeindebau am Stadtrand von Wien.

Ohne einen auch in dieser Anlage lebenden Österreicher, der sich der Orientierungslosigkeit, des Unwissens über die hiesigen Sitten und Gebräuche und der Seelenqualen des jungen Mannes annahm, wäre er wohl kaum so schnell auf die Beine gekommen.

Ahmed Shacurs Geschichte verbreitete sich durch den Österreicher auf Facebook. Und so bekam der zurückhaltende junge Mann bald ein paar Stühle, Kochgeschirr und anderen Hausrat geschenkt. Und einige Menschen versuchten, für den Somali einen Job aufzutreiben, der seinen nach sechs Monaten Deutschunterricht geringen Sprachkenntnissen und seinen sonstigen Fähigkeiten entsprach.

»In Somalia habe ich die Tiere meiner Mutter gehütet«, erzählt er mit leiser Stimme. »Schafe und die großen Tiere.« Die Schafe entpuppten sich als Ziegen, denn Schafe könnten in dem heißen Klima Südsomalias kaum überleben. Den Begriff Kamel hat er im Deutschkurs natürlich nicht gelernt, googelt aber auf dem iPad seines österreichischen Ersatzvaters in Windeseile entsprechende Fotos.

Spricht Ahmed Shacur über seine Familie, schüttelt sich sein Körper, die Augen werden feucht und man bekommt den Eindruck, in seinem Leid gesehen zu werden, tut dem jungen Mann genau so weh wie das Leid selbst.

Seine Anerkennung als Flüchtling, seine Geburtsurkunde, seinen Konventionspass und seine Heiratsurkunde hütet Ahmed Shacur in Klarsichtfolie wie einen Schatz. Die Heiratsurkunde wurde nicht in Handschrift von einem kleinen Dorf-Imam ausgestellt, sondern von seinem Heimatland, in englischer Sprache. Weil aber Somalia seit 1991 als Staat mit entsprechenden Organen nicht mehr funktioniert und es dort keine österreichische Botschaft oder sonst eine Institution gibt, die Papiere eines Asylsuchenden oder seiner Ehefrau auf Korrektheit überprüfen könnte, gilt die Urkunde in Österreich nicht, wie auch kein anderes Dokument aus dem Bürgerkriegsland.

Ahmed Bashir Shacurs junge Ehefrau hat, um doch noch zu ihrem Mann zu gelangen, ganz allein die 48-stündige, teure Busfahrt über gefährliches somalisches Land, dann durch Kenia bis in die äthiopische Hauptstadt Addis Abeba gewagt und sich dort bis zur österreichischen Botschaft durchgeschlagen. Den Beamten hat sie, die als Hausmädchen weder die Finessen des Einwanderungsrechts kennt noch Englisch spricht, ihre Geschichte erzählt. Und gewartet. Wochenlang, untergekommen bei irgendwelchen Menschen in Addis Abeba.

Die Ablehnung der österreichischen Behörden kam mit den Worten: »Die Angaben des Antragstellers zur Angehörigengemeinschaft gemäß § 35AsylG 2005 widersprechen in mehrfacher Hinsicht den von der Bezugsperson im Asylverfahren gemachten Angaben. Die von den Antragstellern vorgelegten Dokumente genügen nicht, um die Angehörigengemeinschaft nachzuweisen. Seitens der Österreichischen Vertretungsbehörde ist der Vorgang damit abgeschlossen.«

Für Ahmed Shacur ist er das nicht. Sein wichtigstes Ziel ist es, seine Frau, wie es sowohl österreichischem als auch EU-Recht entsprechen würde, zu sich nachzuholen. Sie ist der einzige nahe Mensch auf der Welt, den er noch hat. Denn seine Eltern starben an Krebs und Diabetes, beides Krankheiten, die in einem Bürgerkriegsland mit einem Todesurteil gleichzusetzen sind.

Zumindest aber muss Ahmed Shacur nicht mehr Tag und Nacht über sein nach äußeren Kriterien sicheres, nach seelischen vollkommen desolates Dasein nachdenken. Denn ein

Landsmann, der schon länger legal in Wien lebt, fand für ihn einen Job in einem niederösterreichischen Nahrungsmittelunternehmen.

Und so steht der junge Mann jeden Tag zu nachtschlafender Zeit auf und reist zu seiner recht gut bezahlten Arbeitsstelle, an der man auch nicht perfekt Deutsch können muss, und produziert Joghurt.

In seiner Freizeit übt er sich eifrig in Integration aller Art: sprachlich und kulturell. Sogar einem Hund in seiner Wohnumgebung, im islamischen Somalia ein »unreines« Lebewesen, hat er sich über die Wochen angenähert und seine Hand wenige Millimeter über dem Kopf des friedlichen Tieres verharren lassen.

Als Ahmed Shacur das erste Mal an seinem Arbeitsplatz einen Karton voller Joghurt geschenkt bekommen hatte, brachte er diesen Schatz nach Wien, läutete bei seinem österreichischen Helfer und überreichte sein Geschenk mit glücksstrahlenden Augen und den Worten: »Das ist für dich. Und für die armen Kinder in der Siedlung.«

»Wenn man keine Daseinsberechtigung hat und einem die Freiheit genommen wird, muss man gehen!«

Serkan Yildiz, 40, ist in der Türkei geboren. Seine Herkunfts-familie stammt aus Südostanatolien, ist von der religiösen Minderheit der Aramäer und spricht Aramäisch, die Sprache Christi. Seine Mutter wurde, als sie mit ihm hochschwanger war, in Istanbul aus dem Krankenhaus geworfen, weil sie orthodox ist. Er kam mit fünf Jahren nach Österreich, hat ein abgebrochenes Wirtschaftsstudium und ist Ladner, also Verkäufer, in einem Brotgeschäft.

Geboren ist Serkan Yildiz als Sohn eines selbstständigen Schneiders in Istanbul. Als seine Mutter mit ihm hochschwanger war, gab es in der Klinik in der türkischen Metropole während der nationalistischen Aufwallung wegen des Zypern-Konflikts einen Streit. Denn die christlichen Yildiz hielten eher zu Griechenland als zum Heimatland Türkei. Die Auseinandersetzung eskalierte, Frau Yildiz wurde aus dem Krankenhaus geworfen.

»Das war der Moment, als mein Vater sagte, wir müssen hier weg. Wenn man keine Daseinsberechtigung hat, wenn einem die Freiheit genommen wird, kann man nicht bleiben«, erzählt Serkan Yildiz, wieso aus ihm ein Österreicher wurde. »Dabei ist es uns, die wir aus einem kleinen Dorf in Südostanatolien stammen, ökonomisch gut gegangen in Istanbul. Wir haben nicht am Hungertuch genagt.« Es sei immer schwer, seine Heimat und seine Liebsten zu verlassen. »So etwas ist nicht wie eine Reise als Tourist nach Sharm el-Sheik ans Rote

Meer. Da ist schon die Anreise hierher eine Tortur«, setzt er nach beim Gedanken an all jene, die aus ihrem Land wegen akuter Lebensgefahr flüchten müssen.

Serkan Yildiz' Vater fand 1979 in Wien einen Job in einer Schneiderei sowie »eine Wohnung, eine mit dem Klo innen«, und holte ein halbes Jahr später seine Frau und die zwei Söhne nach. Zwei weitere kamen in Österreich zur Welt.

Sein Heimatland sei Österreich, sagt Serkan Yildiz, denn »seit ich denken kann, lebe ich hier. Ich habe nicht das Gefühl, in zwei Welten beheimatet zu sein. Für mich ist die Türkei ein Urlaubsland wie für Sie. Ich bin ein Österreicher mit aramäischen Wurzeln – wobei ich in der ursprünglichen Heimat ja nicht bewusst gelebt habe.« Seine Tante und sein Onkel in Deutschland würden das halbe Jahr über im kleinen türkischen Herkunftsdorf leben, das von Istanbul genau so weit weg liegt wie Wien. Er hat dort keine Zweitwohnung und bei einem Fußballmatch Österreich : Türkei halte er Österreich die Daumen, er liebe die Kultur und die Sprache, sei aber ein »Kosmopolit, der eine Weltanschauung hat, seine Wurzeln nicht verleugnet und jedem seine Meinung lässt«.

2000 Aramäer gibt es in Österreich, rund fünf Millionen weltweit. Aramäisch, Hebräisch, Latein, das seien die alten Kultursprachen, von denen vieles abstamme. Serkan Yildiz hat in Wien die Vorschule, die Volksschule, die Hauptschule und die Handelsschule absolviert und maturiert. »Ich bin nie durchgefallen. Allein schon, weil ich meine Lehrer und die Kollegen nicht verlieren wollte.«

Aber beim Volkswirtschaftsstudium an der Universität Wien hätten ihm der Wille und der Druck der Schulgemeinschaft gefehlt. Und so machte er die Gastro-Konzessionsprüfung und eröffnete mit Vaters Geld und eigener Arbeitskraft ein Lokal. Zu Beginn des dritten Jahrtausends das Drittbeliebteste des Wiener Bezirks Penzing, wie ein Ranking ergab.

2003 hat Serkan Yildiz eine Cousine geheiratet. Eine Ehe, die die Mütter der beiden einfädelten. »Ich bin sehr glücklich. Für mich ist das in jedem Fall die richtige Frau.« Zwei Söhne hat die Familie, lebt sehr gesellig in der Gemeinde der Aramäer, aber auch mit österreichischen Freunden und den Eltern der Kindergarten- und Schulfreunde der Söhne.

Auch zu Hause sprechen sie mehr Deutsch als Aramäisch, auch wenn sich das Ehepaar bemüht, dass die Söhne die Muttersprache sehr wohl lernen. Der schulpflichtige Sohn geht in den katholischen Unterricht und am Wochenende noch in den aramäischen. Obwohl Serkan Yildiz nicht so sonderlich institutionell gläubig ist. »Ich glaube an eine höhere Macht. Aber ich bin nicht unbedingt der Meinung, dass man das zelebrieren muss. Ich bin auch kein Freund der Beichte. Ich mache mir das mit mir aus oder mit der Person, die es angeht. Ich versuche, ehrlich zu sein und zu helfen, wo ich kann. Aber ich bin auch nicht so naiv, dass ich glaube, ich könnte die Welt beeinflussen. Ändern kann man höchstens etwas im eigenen Umfeld.«

Beruflich ging es Serkan Yildiz nicht immer rosig. Mit dem Lokal ging es bergab, dann arbeitete er dreieinhalb Jahre bei einer Sicherheitsfirma, »dabei bin ich Pazifist, habe den Zivildienst absolviert und kann Drill nicht leiden«. Es folgten vier Monate Arbeitslosigkeit, ebenso sinnlose Arbeitsvermittlungsversuche wie demütigende Erfahrungen beim Arbeitsmarktservice AMS, eineinhalb Jahre Nachtdienst am Würstelstand eines Bekannten am Karlsplatz. »Damals habe ich das ganze Drogenmilieu kennengelernt. Aber auch ein paar Brocken Russisch gelernt«, zieht er auch aus dieser Erfahrung noch ein wenig Nutzen. Über seine Frau fand der umgängliche Serkan Yildiz seinen jetzigen Job als Ladner in einem Brotgeschäft mit angeschlossenem Caféhaus und avancierte zum Leiter einer der Filialen des großen Familienbetriebes.

»Wir haben Glück, dass wir beide berufstätig sind«, sagt er, der an seinem jetzigen Arbeitsplatz seine Sprachkenntnisse nützen kann. Neben Aramäisch, Türkisch und Deutsch sind das Englisch und sein Maturafach Spanisch und eben ein bisschen Russisch. »Ich bin über jedes Wort in jeder Sprache froh«, denn er kommuniziere gern mit Kunden und Kollegen. Für ihn stehe Menschlichkeit ganz oben.

Man glaubt ihm, dass er mit seinem Leben zufrieden ist. »Ich habe ein Dach über dem Kopf, eine Frau, zwei gesunde Kinder und lebe in einem Land, in dem ich mich entfalten kann – auch wenn der Ladner-Job unter meiner Qualifikation ist.«

Dafür habe er an Sonn- und Feiertagen frei, könne Hochzeiten, Geburtstage und was sonst noch an Feiern anfällt, besuchen und manchmal mit 40 anderen einen Bus chartern und zu einem Familienfest zu einem der beiden Brüder reisen, die in der Schweiz verheiratet sind. In Gesellschaft fühle er sich hier eigentlich immer wohl. Auch wenn er tief drinnen Südländer sei. »Egal, ob es Menschen aus Südamerika, Südeuropa oder Afrika sind, die mag ich. Die sind im Herzen vielleicht ein bisschen wärmer.«